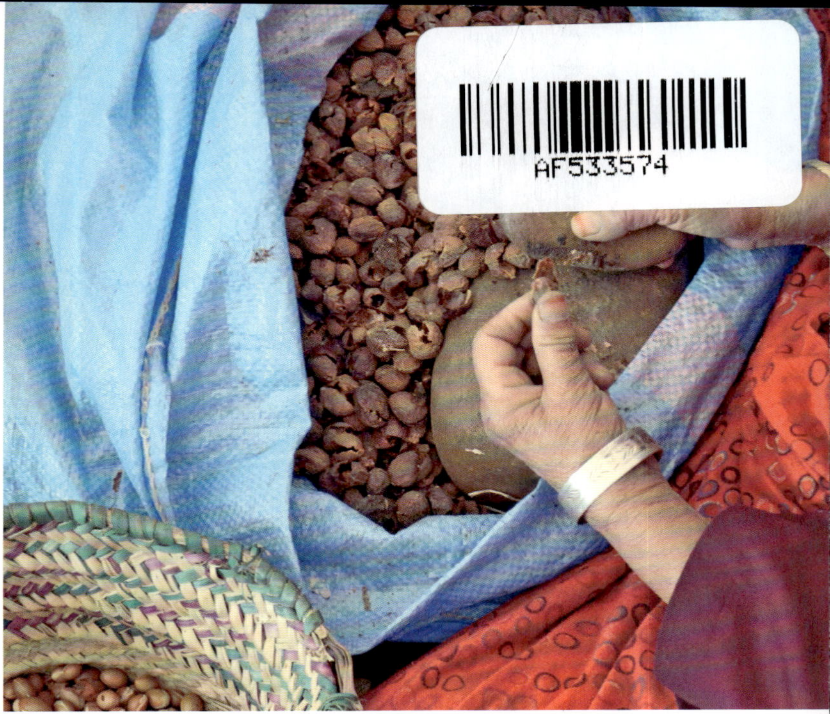

IMPRESSUM

Math. Lempertz GmbH
Hauptstraße 354
53639 Königswinter
Tel.: 02223 / 90 00 36
Fax: 02223 / 90 00 38
info@edition-lempertz.de
www.edition-lempertz.de

www.facebook.com/MIXtippRezepte

Titelbild: Fotolia
Lektorat: Edition Lempertz, Christina Meuser
Layout/ Satz: Hilga Pauli

Produktion: NEOGRAFIA, a.s., Slowakei, www.neografia.sk

ISBN: 978-3-96058-243-4

Fotos:
Britta König, Edition Lempertz, ©Fotolia: arybickii, shersor, chandlervid85, timolina, zoryanchik, jeliva, kristina rütten, naltik, cneyt, Zimthimbeere, gkrphoto, devrim_pinar, tomis2014, Anna, derfotograf, Ildi, tenkende, Martina Weber, avtor_ep, Ekaterina Pokrovsky, Saharrr, Rawpixel.com, oleg_p_100, jon_chica, Andrey Markelov, toshket, Angel, LMspencer, spacetech, michaeljung, ines39, Mauritius71, Curioso Photography, Roman Sigaev, NESRUDHEEN fotosaga, Galyna Andrushko, dudlajzov, kasto, Alexandra, Elena Moiseeva, emanuelecapoferri, Leonid Andronov, daskleineatelier, Elena, Jan Schuler, nonikastar, alex_sunset, green2

© Stock Food: News Life Media

Mein Dank geht an:
Uwe, meinen geliebten Freund, Ute und Inge, meine besten Freundinnen, meine Tochter Constanze, die Damen des Frauenchores „Ars Musica Zeitlos" aus Ochtendung und Annemarie Thon, Antje Heel und Carmen Martín von der Edition Lempertz, für all die Unterstützung, die mir von den genannten Personen bei der Verwirklichung des Projekts entgegen gebracht wurde!

Herausgegeben von  Antje Watermann

Britta König

Orientalische KÜCHE

Kochen mit dem Thermomix®

LEMPERTZ

INHALT

FLEISCH-, GEFLÜGEL- & FISCHGERICHTE

BROT & GEBÄCK

SÜSSES

Liebe Thermomixfreunde,

der Duft von Zimt, Nelken, Curry, Kreuzkümmel und Kardamom liegt in der Luft. Der Zauber des Orients hat uns voll ergriffen.
Die orientalische Küche ist vielfältig und abwechslungsreich und wird auch bei uns immer beliebter. Mittlerweile sind traditionell orientalische Speisen wie Falafel oder Hummus bei den Fertiggerichten im Supermarkt angekommen.
Aber warum auf Fertigprodukte zuzückgreifen, wenn man doch mit dem Thermomix® die Gerichte so einfach selber frisch herstellen kann?! Unsere Autorin Britta König ist viel auf Reisen und schon lange bringt sie vielen begeisterten Thermomixern® ihre mitgebrachten orientalischen Spezialitäten nahe. Da wurde es Zeit für ein Buch. Das Team mixtipp freut sich, euch die bunte Küche des Orients mit Britta Königs Rezepten nahebringen zu können. Vielfältig und bunt ist die Küche aus vielerlei Aspekten: Zum einen vereint die orientalische Küche unter anderem Länderküchen der Türkei, Nordafrikas oder Arabiens, zum anderen ist sowohl für Vegetarier, Fleisch- oder auch Fischliebhaber etwas dabei. Deckt einfach einen bunten Tisch mit Pitabrot, würziger Joghurtsauce, Taboulé, Köfte und vielem mehr. Hier wird kein Vier-Gänge-Menü serviert, sondern gleichzeitig von allem etwas. Zum krönenden Abschluss entführt ihr eure Gäste mit einem Rosen-Mandel-Pudding in die süße orientalische Welt.

Wir wünschen euch viel Spaß!

Antje Watermann

Herausgeberin, Edition Lempertz

EINLEITUNG

Durch meine Reisen in orientalische Länder lernte ich die Küchen des Orients kennen und schätzen. Dank der Vielfalt der Gewürze schmecken Gerichte mit uns bekannten Zutaten neu und aufregend.

Aber welche Länder gehören eigentlich zum Orient? Hier sind die Grenzen fließend in Richtung Westen und auch gen Osten. Meine Rezepte kommen meistens aus Nordafrika, der Türkei und den arabischen Ländern. Durch eine lebendige Geschichte findet man orientalische Einflüsse bereits in den Länderküchen Italiens (Sizilien), Spaniens oder Griechenlands, genauso wie in Rezepten aus Pakistan, Indien und Sri Lanka. Diese Länder bieten eine so große Vielfalt, dass sie jeweils ein eigenes Kochbuch verdienen würden!

Die orientalische Küche ist keine komplizierte Küche und eignet sich hervorragend für die Zubereitung im Thermomix®. Meine Rezepte sollen dich anregen zu variieren und zu improvisieren. Wenn du es würzig magst, kannst du die Menge der Gewürze nach deinem Gusto erhöhen, vorsichtig musst du hier nur bei der Zugabe von scharfen Gewürzen (Chili, Harissa, etc.) und Salz sein. Wenn man Gewürze in dieser Vielfalt verwendet, so braucht man weniger Salz, da das Essen schon aromatisch ist! Viele Gerichte gewinnen an Aroma, wenn man sie im Voraus zubereitet (z.B. Dips, Suppen oder Aufläufe). Eine Suppe schmeckt einfach einen Tag später viel aromatischer und auch Aufläufe kann man prima vorbereiten.

Gerne werden gemahlene Mandeln und Nüsse zum Binden von Saucen verwendet, keine Speisestärke wie bei uns, und für die Säure nimmt man traditionell Zitronensaft. Essig ist weitestgehend unbekannt, da es Essig nur dort gibt, wo auch Wein angebaut wird.

Viele Gerichte in meinem Buch sind vegetarisch. Fleisch oder Fisch sind in orientalischen Ländern teurer als bei uns, daher bleibt dieser Genuss den Festen und Feiertagen vorbehalten. Brote und Getreide sind wichtige Beilagen zu jedem Gericht, um Saucen aufzunehmen, und sie sättigen sehr gut. Gemüse wird immer frisch eingekauft und schnell verarbeitet, um Vitaminverluste zu verhindern. Gegen die Schärfe helfen frische Rohkostsalate und auch Dips auf Basis von Joghurt, die eiskalt serviert werden. Zum Süßen von Desserts nimmt man alternativ zum normalen Zucker gerne Rosinen und andere Trockenfrüchte oder Honig. Viele Süßspeisen haben einen für uns ungewohnt hohen Zuckergehalt, in den Rezepten dieses Buches habe ich den Zuckeranteil stark reduziert.

Es lohnt sich auf jeden Fall, mit all den exotischen und vielleicht bisher unbekannten Zutaten der orientalischen Küche zu experimentieren. Zum Glück für uns Europäer sind all diese Zutaten in einem gut sortierten Supermarkt oder beim türkischen Lebensmittelhändler erhältlich, und natürlich auch übers Internet zu bekommen.

Traue dir zu, dein eigenes orientalisches Gericht zusammenzustellen. Traditionell kommen alle Gerichte gleichzeitig auf den Tisch, auch die Süßspeisen. Jeder probiert sich durch alles durch, das macht richtig Spaß und regt zu lebhaften Diskussionen über die exotischen Köstlichkeiten an. Kalkuliere immer reichlich Brot dazu ein und vielleicht noch einen Dip zum Abmildern der Schärfe, wenn dies gewünscht ist.

Kaufe nach Möglichkeit nur ganze Gewürze, in deinem Thermomix® kannst du diese erhitzen (1 Minute/ 100°C/ Stufe 1) und anschließend unter Zugabe von etwas Salz mahlen. Schon der Duft der gerösteten Spezialitäten entführt uns in die Welt von 1001 Nacht!

Dieses Buch ist eine Einladung an dich, ein Kochabenteuer zu beginnen, das dich in eine Welt voll unbekannter Genüsse und Gerichte entführen wird. Ich wünsche dir viel Spaß beim Entdecken, Ausprobieren und Genießen!

Deine Britta König

Glossar

Bulgur

ist in der orientalischen Küche eines der Grundnahrungsmittel und kann sowohl zu Gemüse als auch zu Fleischgerichten gereicht werden. Es handelt sich hierbei um geschroteten Weizen. Hauptsächlich wird Bulgur aus Hartweizengrieß hergestellt, der eingeweicht, vorgekocht und dann im Dampf gegart wird. Da Bulgur schon vorgegart in den Handel kommt, ist die Zubereitung sehr simpel. Es reicht aus, ihn einfach mit heißem Wasser zu übergießen oder im Varoma im heißen Dampf mitzugaren. Bulgur ist mittlerweile im gut sortierten Supermarkt oder Drogeriemarkt erhältlich.

Couscous

ist besonders aus der nordafrikanischen Küche bekannt. Couscous wird wie Bulgur meistens aus Hartweizengrieß hergestellt. Im Unterschied zum Bulgur wird bei der Couscous-Herstellung der Grieß mit Wasser befeuchtet und zu kleinen Körnchen zerrieben. Couscous ist in der Küche vielseitig einsetzbar: ob als Beilage zu Fleisch, als Gemüsegericht oder auch als Dessert. Er hat einen hohen Anteil an Kohlenhydraten, dafür aber wenig Fett – somit ist er als Sättigungsbeilage sehr gut geeignet. Wie Bulgur ist auch Couscous optimal für die Zubereitung im heißen Dampf im Varoma geeignet. Couscous ist im gut sortierten Supermarkt wie im Drogeriemarkt erhältlich.

Datteln

Datteln wachsen an Palmen, die ursprünglich am persischen Golf wuchsen. Mittlerweile ist die Dattelpalme in Nordafrika und auch in Pakistan kultiviert. Erst nach zehn Jahren trägt die Palme die ersten Früchte und dann im Abstand von zwei Jahren. An einem Baum können bis zu 100 kg Früchte geerntet werden. Datteln sind reich an Magnesium, Kalium, Eisen sowie B- und D-Vitaminen. In orientalischen Gerichten kommen Datteln vor allem als Dessert zum Einsatz. Frische Datteln kann man bei uns zwischen September und Januar kaufen, am besten in einem orientalischen Lebensmittelmarkt. Getrocknete Datteln sind das ganze Jahr über auch im gut sortierten Supermarkt, z.B. von Seeberger, erhältlich.

Granatapfel/-sirup

Der Granatapfel ist eine tausende Jahre alte Frucht, die in Asien und im Nahen Osten angebaut wird. Die Römer gaben der Frucht ihren Namen „pomum granatum", was übersetzt so viel heißt wie Apfel mit vielen Kernen. Tatsächlich sind die schimmernden roten Kerne im Inneren das, was den Granatapfel so besonders macht. Man kann den Granatapfel auspressen, um Granatapfelsaft zu erhalten, oder die einzelnen Kerne für Salate oder Dressings nutzen. Granatapfelsirup wird aus Granatapfelsaft hergestellt und kann säuerlich bis süßlich sein. In der orientalischen Küche wird er oft alternativ zu der bei uns sehr beliebten Balsamico-Creme verwendet. Am besten erhältst du den Sirup im orientalischen Supermarkt.

Harissa

ist eine Gewürzpaste, die aus Chilis, Kreuzkümmel, Koriandersamen, Knoblauch, Salz und Olivenöl besteht. Die Paste stammt aus dem Maghreb und ist heute in der nordafrikanischen Küche, aber auch im Orient und Israel bekannt. Die Paste passt zu Fleisch- oder Gemüsegerichten und ist Bestandteil von Marinaden und Dressings. Die Würzpaste kann sehr scharf sein, deshalb sollte man sie sparsam dosieren. Bei uns ist die Paste im gut sortierten Supermarkt erhältlich.

Kardamom

zählt zu den Ingwergewächsen. Der grüne Kardamom hat seinen Ursprung unter anderem im Irak und auch in Indien und Sri Lanka. Die Kardamom-Pflanze entwickelt Samenkapseln, die grün, gräulich oder gelb sind. In den Kapseln sind bis zu acht schwarze Samen enthalten. Im Supermarkt erhältst du Kardamomkapseln, Kardamomsamen und pulverisierten Kardamom. Meistens benötigst du in der Küche Kardamom in pulverisierter Form, du kannst aber auch ganze Kardamomkapseln in das Gericht geben und mitkochen lassen oder Kardamomsamen pulverisieren und frisch gemahlen hinzugeben. Mitgekochte Kardamomkapseln solltest du vor dem Servieren wieder entfernen.

Kichererbsen

sind ein wichtiger Bestandteil der orientalischen Küche – beliebte Gerichte wie Hummus oder Falafel werden mit ihnen zubereitet. Kichererbsen können getrocknet oder vorgegart in Dosen oder Gläsern mittlerweile in jedem gut sortierten Supermarkt gekauft werden. Getrocknete Kichererbsen sind länger haltbar, aber auch die Zubereitungsdauer ist erheblich länger: Sie müssen mindestens zwölf Stunden in Wasser eingeweicht und dann noch mal bis zu zwei Stunden gekocht werden. Bei vorgegarten Kichererbsen ist das nicht notwendig. Diese können direkt zu z.B. Hummus weiterverarbeitet werden. Wer mag, kann die Häutchen an den Kichererbsen noch abrubbeln, dann sind sie besser verdaulich.

Köfte

sind unterschiedlich gewürzte, angebratene Hackfleischröllchen, die wir vor allem aus der türkischen Küche kennen. Meistens werden sie aus Lamm- oder Rinderhackfleisch gemacht und mit Kreuzkümmel, Paprika, Zimt, Nelken o.ä. gewürzt. Du kannst sie ganz nach Belieben zu Bällchen, Rollen oder Frikadellen formen.

Koriander

auch „arabische Petersilie" genannt, kannst du sowohl als Samen als auch als Gewürzkraut in der Küche verwenden. Der Geschmack der Koriandersamen und der Korianderblätter unterscheidet sich sehr, daher sollte das eine nicht durch das andere ersetzt werden. Wenn du den Geschmack von Korianderblättern nicht gerne magst, kannst du sie gut durch Petersilie ersetzen.

Kreuzkümmel

Auch wenn der Name es vermuten lässt, Kreuzkümmel und Kümmel ähneln sich zwar vom Aussehen, haben aber geschmacklich keinerlei Gemeinsamkeiten. Kreuzkümmel, auch Cumin genannt, erhältst du als ganze Samen oder gemahlen. Gerichten wie Falafeln oder Linsensuppe verleiht Kreuzkümmel den typischen orientalischen Geschmack.

Kurkuma

fällt besonders durch ihre goldgelbe Farbe auf. Wenn du frische Kurkuma verwendest,

solltest du Handschuhe tragen beim Schneiden, denn sie färbt sehr stark. Kurkuma erhältst du am häufigsten schon in Pulverform. Sie verleiht deinem Gericht nicht nur eine schöne Farbe, sondern mit ihrer erdigen Note auch einen besonderen Geschmack.

Minze

Mit über 100 Sorten ist die Minze in vielen Küchen beheimatet und beliebt. Auch in der orientalischen Küche kommt man an Minze nicht vorbei. Am liebsten mischt unsere Autorin sie frisch unter Salate und Marinaden oder schmort sie bei Fleischgerichten mit an.

Piment

ist ein sehr beliebtes Gewürz der orientalischen Küche. Es ist auch unter dem Namen „Nelkenpfeffer" bekannt. Wie aus diesem Zweitnamen hervorgeht, schmeckt Piment leicht nach Nelken und Pfeffer und ist vielseitig einsetzbar.

Pinienkerne

sind die Samen von Pinien, die im gesamten Mittelmeerraum wachsen. Bekannt sind sie vor allem von italienischen Pestos. Aber auch in der orientalischen Küche hat die Verwendung von Pinienkernen eine lange Tradition. Pinienkerne sind verzehrfertig im gut sortierten Supermarkt erhältlich. Um ihren Geschmack zu intensivieren, kann man sie noch in einer Pfanne ohne Fett anrösten. Sobald die Kerne die gewünschte Bräunung angenommen haben, solltest du sie sofort aus der Pfanne herausnehmen, denn sie verbrennen sonst sehr leicht. Mit ihrem leicht nussigen Geschmack peppen Pinienkerne Salate oder auch Fischgerichte auf.

Quinoa

stammt aus Südamerika und ist ein sogenanntes Pseudogetreide. Das bedeutet, dass sie viele Gemeinsamkeiten mit Getreide hat, aber keines ist. Sie gehört pflanzlich zu den Gänsefußgewächsen. Quinoa ist reich an Eisen und Magnesium und glutenfrei. Genauso wie mit Couscous und Bulgur lassen sich mit Quinoa leckere Salate zubereiten und Quinoa eignet sich auch gut als kalorienarme Sättigungsbeilage.

Ras-el-Hanout

ist eine Gewürzmischung aus Marokko und Tunesien. Übersetzt heißt sie so was wie „Chef des Ladens". Der Name bezieht sich darauf, dass eine Ras-el-Hanout-Gewürzmischung immer aus unterschiedlichen Komponenten bestehen kann. Auf marokkanischen Märkten buhlen die Gewürzhändler um die beste Mischung. Bei uns angebotene Mischungen setzen sich oft aus Gewürzen wie Nelken, Zimt, Chili, Koriander, Kardamom, Muskatnuss und Kreuzkümmel zusammen. Ras-el-Hanout ist im gut sortierten Supermarkt oder im orientalischen Supermarkt erhältlich.

Rosenwasser

wird in der orientalischen Küche vor allem zum Aromatisieren von Desserts einge-

setzt. Das Rosenwasser wird bei der ätherischen Rosenölgewinnung gewonnen. Am besten erhält man es in der Apotheke. Rosenwasser hat einen sehr intensiven Geschmack und sollte deswegen sparsam verwendet werden.

Sucuk

Sucuk-Wurst ist vor allem in der Türkei, in arabischen Ländern und auch auf dem Balkan sehr bekannt. Die Wurst kann aus Rind-, Kalb- oder Lammfleisch bestehen und erhält ihren besonderen Geschmack durch die Würzung mit Cayennepfeffer, Piment, Kreuzkümmel und Knoblauch. Sie wird meistens warm gegessen und kann im eigenen Fett angebraten werden. Wer Schwierigkeiten hat, Sucuk-Wurst zu bekommen, kann diese durch spanische Chorizo-Wurst ersetzen.

Sumach

Bei Sumach handelt es sich um die gemahlene Steinfrucht des Gerber-Sumachs oder auch Färberbaum genannt. In der orientalischen Küche wird dieses Gewürz sehr häufig verwendet, ist aber bei uns noch relativ unbekannt. Sumach zeichnet sich durch seinen säuerlichen Geschmack und seine rote Farbe aus. Er gilt als das sauerste Gewürz der Welt. Mit Sumach werden oft Gerichte gewürzt, die ansonsten mit Zitrone oder Essig verfeinert werden würden. Wenn du Schwierigkeiten hast, Sumach zu bekommen, dann ersetze ihn durch Zitronensaft oder milden Essig. Sumach erhältst du in orientalischen Supermärkten oder im Internet.

Tahin

ist eine Paste aus Sesamsamen mit einem leicht bitteren Geschmack. Die Paste ist eine Grundzutat von Hummus, verfeinert aber auch sonst Dips und Saucen. Da das sesameigene Öl sich oft am oberen Glasrand absetzt, einfach kurz verrühren, um eine homogene Masse zu erhalten.

Türkische Spitzpaprika

Wie der Name schon sagt, handelt es sich hier um eine Paprikasorte in spitzer Form. Meist haben Spitzpaprika eine gelbliche bis grüne Farbe. Wenn sie ganz ausgereift sind, sind sie aber auch in roter Farbe erhältlich. Spitzpaprika hat im Vergleich zu normaler Paprika einen pfeffrigen, pikanten Geschmack. Wenn sie rot sind, können sie auch einen süßlichen Geschmack haben.

Zimt

gilt bei uns eher als typisches Weihnachtsgewürz. In der orientalischen Küche wird Zimt ganzjährig als aromatisches Gewürz eingesetzt und ist auch in der Gewürzmischung Ras-el-Hanout zu finden. Bei Zimt handelt es sich um die Baumrinde vom Ceylon- oder Cassia-Zimtbaum. Ceylon-Zimt ist etwas hochwertiger als Cassia-Zimt. Im Supermarkt werden Zimtstangen sowie bereits pulverisierter Zimt angeboten.

200 g

30 Min.

leicht

MANDELN IM THERMOMIX® ENTHÄUTEN

Zubereitungszeit: 30 Minuten
Zutaten für 200 g

- 1000 g Wasser
- 200 g Mandeln, ungeschält

Für einige Rezepte verwende ich blanchierte Mandeln. Diese sind im Verhältnis zu den gekauften Mandeln mit Haut relativ teuer. Man kann diese mit etwas Zeit und Geduld auch im Thermomix® schälen.

1. Erhitze zuerst das Wasser im Mixtopf 8 Minuten/ 100°C/ Stufe 1, bis es sprudelnd kocht. Verlängere gegebenenfalls die Einstellung um einige Minuten.

2. Gib dann die Mandeln in den Mixtopf dazu und lass sie darin 2 Minuten/ 100°C/ Linkslauf/ Sanftrührstufe kochen. Danach rührst du die Mandeln 1 Minute/ Linkslauf/ Stufe 4 ohne Hitze und siebst sie anschließend durch das Garkörbchen ab.

3. Verteile die Mandeln auf Küchenpapier, entferne die Schalen und lass sie gut trocknen.

Geduld ist der Schlüssel
zur Freude.
(arabisches Sprichwort)

SUPPEN & SALATE

KICHERERBSENSUPPE MIT HACKFLEISCHBÄLLCHEN UND NATURJOGHURT

Zubereitungszeit: 1 Stunde
Utensilien: Pfanne
Zutaten für 6 Portionen

- ½ Bund Petersilie, glatt, Blätter abgezupft
- ½ Bund Schnittlauch
- ½ Bund Koriander, Blätter abgezupft
- ½ Bund Dill
- 3 Zwiebeln, halbiert
- 2 Knoblauchzehen
- 300 g Rinderhackfleisch
- Salz und Pfeffer, nach Belieben
- 40 g Olivenöl + Olivenöl zum Einfetten des Varoma-Einlegebodens
- 200 g Kichererbsen, vorgegart, aus der Dose, abgetropft
- 100 g Linsen, rot
- 50 g Basmatireis
- 1000 g Wasser
- 1 TL Kurkuma
- 500 g Naturjoghurt, 3,5 % Fett
- ½ Bund Minze, Blätter abgezupft

1. Wasche Petersilie, Schnittlauch, Koriander und Dill, tupfe alle Kräuter trocken und zupfe die Blätter von Petersilie und Koriander ab. Zerkleinere alle Kräuter im Mixtopf 3 Sekunden/ Stufe 8. Fülle die Mischung anschließend in eine Schüssel um.

2. Schäle Zwiebeln und Knoblauch, halbiere die Zwiebeln und zerkleinere zwei Zwiebelhälften mit einer Knoblauchzehe im Mixtopf 5 Sekunden/ Stufe 5. Schiebe die Stücke mit dem Spatel nach unten und gib Rinderhackfleisch, Salz und Pfeffer dazu. Vermenge die Zutaten 20 Sekunden/ Linkslauf/ Stufe 4 und forme mit feuchten Händen aus der Masse kleine Bällchen. Fette den Varoma-Einlegeboden mit etwas Olivenöl ein und verteile darin die Bällchen. Achte dabei darauf, Schlitze frei zu lassen, damit der Dampf zirkulieren kann.

3. Reinige den Mixtopf und zerkleinere darin zwei Zwiebelhälften 5 Sekunden/ Stufe 5. Schiebe die Stücke mit dem Spatel nach unten und dünste diese mit 20 g Olivenöl 8 Minuten/ 100°C/ Sanftrührstufe goldbraun, bis es duftet.

4. Lass die Kichererbsen gut abtropfen und gib diese in den Mixtopf dazu. Wasche die roten Linsen und den Basmatireis unter fließendem Wasser, bis das ablaufende Wasser klar bleibt, und gib beide Zutaten ebenfalls in den Mixtopf dazu. Fülle den Mixtopf mit Wasser und würze die Zutaten mit Salz, Pfeffer und ½ TL Kurkuma. Verschließe den Mixtopf mit dem Mixtopfdeckel, aber ohne den Messbecher aufzusetzen, und positioniere den Varoma auf dem Mixtopfdeckel. Setze den Varoma-Einlegeboden mit den Hackfleischbällchen ein und verschließe den Varoma. Stelle sicher, dass alles richtig sitzt, damit kein Dampf

unkontrolliert entweichen kann, und gare die Zutaten 30 Minuten/ Varoma/ Linkslauf/ Stufe 1. Nach der Garzeit setzt du den Varoma vorsichtig ab und stellst ihn beiseite.

5. Teste, ob die Hülsenfrüchte in der Suppe gar sind, und verlängere gegebenenfalls die Einstellung um ein paar Minuten. Anschließend schmeckst du die Suppe nochmal mit Salz und Pfeffer ab und gibst 400 g Naturjoghurt und die Kräutermischung aus der Schüssel in den Mixtopf dazu. Verrühre die Zutaten im Mixtopf 20 Sekunden/ Linkslauf/ Stufe 2.

6. Erhitze die restlichen 20 g Olivenöl in einer Pfanne und schneide die übrige Knoblauchzehe und die Zwiebelhälften in Scheiben. Röste beides mit ½ TL Kurkuma in der Pfanne auf mittlerer Stufe an. Zupfe die Minzeblätter ab, wasche sie und tupfe sie trocken. Gib diese in die Pfanne dazu und brate sie mit den anderen Zutaten kurz an. Wenn die Mischung sanft brutzelt und wunderbar duftet, gibst du diese als Topping auf die fertige Suppe.

7. Garniere die Suppe mit einem Klecks des übriggebliebenen Naturjoghurts. Verteile die Suppe gemeinsam mit den Hackfleischbällchen auf Teller.

ROTE LINSENSUPPE

Zubereitungszeit: 45 Minuten
Utensilien: Pfanne
Zutaten für 4 Portionen

- 250 g Linsen, rot
- 2 Zwiebeln, halbiert
- 20 g neutrales Öl
- 1000 g Wasser
- 1 ½ EL gekörnte Gemüsebrühe
- Salz, nach Belieben
- 1 TL Kreuzkümmel, gemahlen
- 1 TL Kurkuma
- 2 EL Butterschmalz

1. Wiege die Linsen ins Garkörbchen ein und wasche sie unter fließendem Wasser, bis das ablaufende Wasser klar bleibt.

2. Schäle die Zwiebeln, halbiere sie und zerkleinere sie im Mixtopf 5 Sekunden/ Stufe 5. Schiebe die Stücke mit dem Spatel nach unten und fülle die Hälfte der Zwiebeln in ein Schälchen. Gib das Öl zu den verbleibenden Zwiebelstücken in den Mixtopf hinzu und dünste die Zwiebelstücke darin 2 Minuten/ Varoma/ Stufe 1 an. Danach gibst du die Linsen hinzu und dünstest auch diese 2 Minuten/ Varoma/ Stufe 1 an.

3. Nun gibst du Wasser, gekörnte Gemüsebrühe, Salz, Kreuzkümmel und Kurkuma in den Mixtopf und kochst die Suppe unter Beobachtung 20 Minuten/ 100°C/ Stufe 2. Achtung, die Suppe kann überkochen! Reduziere gegebenenfalls die Temperatur auf 90°C und bleibe in der Nähe. Prüfe nach der Kochzeit, ob die Linsen gar sind, und verlängere gegebenenfalls die Kochzeit.

4. Püriere anschließend die Suppe 30 Sekunden/ Stufe 6 und erhöhe dabei die Einstellung nach und nach auf Stufe 7 und Stufe 8. Schmecke die Suppe nochmal mit Salz ab.

5. Erhitze Butterschmalz in einer Pfanne und brate darin die übrigen Zwiebelstücke aus dem Schälchen goldbraun an. Garniere die Suppe vor dem Servieren mit den gebratenen Zwiebelstücken.

BLUMENKOHLSALAT

Zubereitungszeit: 15 Minuten
Zutaten für 4 Portionen

- ½ Bund Petersilie, glatt, Blätter abgezupft
- ½ Bund Dill
- 1 Blumenkohl, klein, gewaschen, in Röschen zerteilt
- 125 g Naturjoghurt, 3,5 % Fett
- Saft von ½ Zitrone
- 1 TL Salz
- ½ TL Pfeffer, weiß
- ½ TL Sumach, erhältlich z.B. im türkischen Lebensmittelladen
- 2 Frühlingszwiebeln, geputzt, schräg in Scheiben geschnitten

Für das Topping:

- 20 g Hanfsamen, z.B von Davert, erhältlich im Bioladen
- 20 g Kürbiskerne
- 10 g Sonnenblumenkerne
- 1 EL Sonnenblumenöl
- 2 EL Sojasauce

1. Wasche Petersilie und Dill, tupfe die Kräuter trocken und zupfe die Blätter von der Petersilie ab. Gib die Kräuter in den Mixtopf und zerkleinere sie 3 Sekunden/ Stufe 8. Schiebe die Reste anschließend mit dem Spatel nach unten.

2. Wasche den Blumenkohl und zerteile ihn in Röschen. Gib die Blumenkohlröschen gemeinsam mit Joghurt, Zitronensaft, Salz, Pfeffer und Sumach in den Mixtopf. Vermische die Zutaten 6 Sekunden/ Stufe 4.

3. Fülle den Salat aus dem Mixtopf in eine separate Schüssel um. Reinige den Mixtopf und trockne ihn gründlich ab. Wasche die Frühlingszwiebeln und befreie sie vom Strunkansatz. Schneide die Frühlingszwiebeln mit einem Messer schräg in Scheiben und streue sie über den Salat.

4. Für das Topping gibst du Hanfsamen, Kürbiskerne und Sonnenblumenkerne in den Mixtopf und erhitzt sie in dem Öl 1 Minute/ 100°C/ Linkslauf/ Stufe 1. Füge dann die Sojasauce hinzu und rühre sie 5 Sekunden/ Linkslauf/ Stufe 1 unter. Lass das Topping etwas abkühlen und garniere anschließend deinen Salat damit.

4 Portionen

10 Min.

leicht

BLUMENKOHL-TABOULÉ

Zubereitungszeit: 10 Minuten
Zutaten für 4 Portionen als Beilage

- 4 Stiele Minze, Blätter abgezupft
- 4 Stiele Petersilie, glatt, Blätter abgezupft
- 100 g Feta, in groben Stücken
- 500 g Blumenkohl, gewaschen, in Röschen zerteilt
- 25 g Olivenöl
- 1 TL Zitronensaft
- ½ TL Salz
- ½ TL Pfeffer, weiß
- 1 gestr. TL Kreuzkümmel, gemahlen
- 4 Frühlingszwiebeln, geputzt, schräg in Scheiben geschnitten
- 200 g Kirschtomaten, halbiert oder geviertelt
- ½ Bio-Gurke, gewaschen, entkernt, in dünnen Scheiben

1. Als Erstes wäschst du Minze und Petersilie, tupfst sie trocken, zupfst die Blätter ab und gibst sie in den Mixtopf. Zerkleinere die Kräuter 3 Sekunden/ Stufe 8. Fülle die zerkleinerten Kräuter in eine separate Schüssel um.

2. Nun gibst du den Feta in groben Stücken in den Mixtopf und zerkleinerst ihn 3 Sekunden/ Stufe 4. Fülle den Käse in eine weitere Schüssel um.

3. Wasche den Blumenkohl und zerteile ihn in Röschen. Gib die Blumenkohlröschen in den Mixtopf und zerkleinere sie 5 Sekunden/ Stufe 5. Schiebe die Reste mit dem Spatel nach unten.

4. Füge Öl, Zitronensaft, Salz, Pfeffer und Kreuzkümmel hinzu und rühre die Mischung mit dem Spatel einmal gut durch. Gare die Zutaten nun 10 Minuten/ Varoma/ Linkslauf/ Stufe 1.

5. In der Zwischenzeit putzt du die Frühlingszwiebeln und befreist sie von den Wurzelansätzen. Schneide sie dann in schmale, schräge Streifen. Wasche die Kirschtomaten und halbiere oder viertele sie. Wasche und entkerne die Salatgurke und schneide sie in dünne Scheiben.

6. Fülle den Blumenkohl nach der Garzeit in eine große Salatschüssel um und lass ihn abkühlen. Anschließend mischst du ihn mit dem vorbereiteten Gemüse. Schmecke den Salat mit Zitronensaft, Salz und Pfeffer ab und nach dem völligen Erkalten bestreust du das Taboulé mit den zerkleinerten Kräutern und dem Feta.

4–6 Portionen

1 h–1 h 5 Min.

leicht

BULGURSALAT
MIT GERÖSTETEN MÖHREN, MANDELN UND KRÄUTERN

Zubereitungszeit: 30 Minuten
Backzeit: 30–35 Minuten, 200°C Ober-/Unterhitze
Utensilien: Auflaufform
Zutaten für 4–6 Portionen

- 500 g Möhren, geschält, in mundgerechten Stücken
- 1 geh. TL Ras-el-Hanout, z.B. von Sonnentor
- 1 TL Ingwer, gemahlen
- 2 TL Salz
- 10 g Olivenöl
- 1 kleiner Bund Minze, Blätter abgezupft
- 1 kleiner Bund Petersilie, Blätter abgezupft
- 500 g Wasser
- 125 g Bulgur
- 50 g Mandeln, blanchiert (s. S. 14)
- 1 TL Pfeffer
- Saft von 1 Zitrone

1. Heize zunächst den Backofen auf 200°C Ober-/Unterhitze vor. Schäle die Möhren und schneide sie in mundgerechte Stücke. Vermische die Möhrenstücke in einer Schüssel mit Ras-el-Hanout, Ingwer, 1 TL Salz und Olivenöl.

2. Verteile die gewürzten Möhren in einer Auflaufform und gib diese in den vorgeheizten Ofen. Backe die Möhren im Ofen 30–35 Minuten/ 200°C Ober-/Unterhitze, bis das Gemüse bissfest ist. Nimm die Möhren nach der Backzeit aus dem Ofen und lass auch diese ein wenig abkühlen.

3. In der Zwischenzeit wäschst du Minze und Petersilie, tupfst sie trocken und zupfst die Blätter ab. Gib diese in den Mixtopf und zerkleinere sie 3 Sekunden/ Stufe 8. Fülle die Kräutermischung in eine Salatschüssel um.

4. Nun gibst du Wasser und 1 TL Salz in den Mixtopf. Fülle den Bulgur ins Garkörbchen und spüle ihn unter kaltem Wasser ab, bis das Wasser klar ist. Rühre ihn dann einmal mit einem Löffel um und hänge das Garkörbchen in den Mixtopf ein.

5. Gare den Bulgur nach Packungsanweisung auf der Varoma-Stufe. Das heißt: Sobald der Thermomix® die Varoma-Stufe erreicht hat, kochst du den Bulgur so lange, wie auf der Packung angegeben ist.

6. Nach der Garzeit hängst du das Garkörbchen mithilfe des Spatels aus und schreckst den Bulgur unter kaltem Wasser ab. Lass ihn dann noch ein wenig abkühlen.

7. Wenn Bulgur und Möhren abgekühlt sind, füllst du beides zu den Kräutern in die Salatschüssel und gibst noch die Mandeln hinzu. Schmecke den Salat mit Salz, Pfeffer und Zitronensaft ab. Du kannst ihn anschließend lauwarm oder kalt servieren.

4 Portionen

10 Min.

leicht

GURKENSALAT MIT SESAM-JOGHURT-DRESSING

Zubereitungszeit: 10 Minuten
Zutaten für 4 Portionen

- 1 EL Sesam
- 2 Knoblauchzehen
- 125 g Naturjoghurt, 3,5 % Fett oder mehr
- ½ EL Tahin (Sesammus), erhältlich im gut sortierten Supermarkt
- Saft von ½ Zitrone
- 10 g Olivenöl
- Salz und Pfeffer, nach Belieben
- 1 Bio-Gurke, gewaschen, entkernt, in 1 x 1 cm großen Würfeln
- Minze, zum Dekorieren

1. Zunächst erhitzt du die Sesamkörner im Mixtopf 2 Minuten/ 100°C/ Stufe 1. Fülle die heißen Sesamkörner in eine separate Schüssel um.

2. Schäle den Knoblauch und zerkleinere die Knoblauchzehen im Mixtopf 5 Sekunden/ Stufe 5. Schiebe die Reste mit dem Spatel nach unten.

3. Füge Joghurt, Tahin, Zitronensaft, Olivenöl, Salz und Pfeffer hinzu und verrühre die Zutaten 20 Sekunden/ Stufe 4. Schmecke die Mischung ab und würze gegebenenfalls nochmals mit Salz und Pfeffer nach.

4. Wasche und entkerne die Gurke und schneide sie in 1 x 1 cm große Würfel. Fülle die Gurkenwürfel in eine Schüssel und gib die Sauce aus dem Mixtopf über die Gurken. Verrühre die Gurken vorsichtig mit der Sauce.

5. Garniere den Salat abschließend mit dem gerösteten Sesam und frischer Minze und serviere ihn.

FLOR DO
FLOR DO

6 Portionen

30 Min.

leicht

KICHERERBSENSALAT MIT FETA UND GRANAT-APFELDRESSING

Zubereitungszeit: 30 Minuten
Zutaten für 6 Portionen

600 g Kichererbsen, vorgegart, aus der Dose, abgetropft
½ Bund Minze, Blätter abgezupft
½ Bund Koriander, Blätter abgezupft
1 Chilischote, rot, entkernt, in groben Stücken
½ TL Kreuzkümmel, gemahlen
5 g Salz
1 TL Pfeffer, schwarz
1 Bio-Gurke, entkernt, in Würfeln
1 Zwiebel, halbiert
200 g Feta, in groben Stücken
Granatapfeldressing (s. S. 46)

1. Gieße für den Salat die Kichererbsen in das Garkörbchen und spüle sie ordentlich mit Wasser ab. Wenn du möchtest, kannst du die Häutchen abrubbeln. Dadurch wird der Salat leichter verdaulich. Lass die Kichererbsen anschließend gut abtropfen.

2. Wasche Minze und Koriander, tupfe beides trocken, zupfe die Blätter ab und gib diese in den Mixtopf. Wasche und entkerne dann die Chilischote und gib sie in groben Stücken zusammen mit Kreuzkümmel, Salz und Pfeffer in den Mixtopf dazu. Zerkleinere die Zutaten 3 Sekunden/ Stufe 8 und fülle sie in eine Salatschüssel um.

3. Wasche die Gurke und schneide sie längs durch. Entkerne diese mithilfe eines Löffels und schneide die Gurkenhälften von Hand in kleine Würfel. Gib die Gurkenwürfel in die Salatschüssel dazu.

4. Schäle die Zwiebel, halbiere sie und zerkleinere sie im Mixtopf 5 Sekunden/ Stufe 5. Fülle auch diese in die Salatschüssel um.

5. Als Letztes zerkleinerst du den in grobe Stücke geschnittenen Feta im Mixtopf 5 Sekunden/ Stufe 3 und füllst diesen sowie auch die abgetropften Kichererbsen in die Salatschüssel um. Vermische nun vorsichtig alle Zutaten in der Schüssel miteinander und vermenge sie kurz vor dem Servieren mit dem Granatapfeldressing.

4 Portionen

20 Min.

leicht

MÖHRENSALAT MIT GEBACKENEM ZIEGENKÄSE

Zubereitungszeit: 20 Minuten
Utensilien: Pfanne
Zutaten für 4 Portionen

- 100 g Mandeln, ungeschält
- 1 Orange, filetiert
- Saft von 1 Orange
- 50 g Honig
- 1 Knoblauchzehe
- 1 Schalotte, halbiert
- 2–3 Möhren, geschält, in Stücken
- ½ Bund Minze, Blätter abgezupft
- 20 g Olivenöl
- ½ TL Harissa, alternativ eine andere Chilipaste
- 1 EL Balsamicoessig, hell
- 1 Ei, Größe M, verquirlt
- 40 g Weizenmehl , Type 405
- 4 Scheiben Ziegenfrischkäse
- neutrales Öl zum Braten

1. Zuerst hackst du die Mandeln im Mixtopf 6 Sekunden/ Stufe 6 und füllst sie in eine Schüssel um.

2. Schäle nun für den Salat die Orange, filetiere sie und stelle die Orangenfilets beiseite. Koche den Saft von einer weiteren Orange mit dem Honig im Mixtopf 5 Minuten/ 100°C/ Stufe 1 ohne Messbecher sirupartig ein. Fülle anschließend die Mischung in eine Schüssel um.

3. Reinige den Mixtopf gründlich. Schäle Knoblauch, Schalotte und Möhren und halbiere die Schalotte. Zerkleinere den Knoblauch im Mixtopf 5 Sekunden/ Stufe 5 und schiebe die Stücke mit dem Spatel nach unten. Gib die Schalottenstücke zusammen mit den Möhren in Stücken in den Mixtopf.

4. Wasche die Minze, tupfe sie trocken, zupfe die Blätter ab und gib sie mit Olivenöl, Harissa und Balsamicoessig auch in den Mixtopf dazu. Zerkleinere nun die Zutaten 6 Sekunden/ Stufe 5. Schiebe danach die Stücke mit dem Spatel nach unten und rühre die Orangenfilets mithilfe des Spatels vorsichtig unter die Mischung.

5. Für die Ziegenfrischkäsetaler verquirlst du in einer Schüssel das Ei und gibst das Mehl in eine weitere Schüssel. Nun wälzt du die Frischkäsescheiben jeweils zuerst in Mehl, dann in Ei und dann in den zerkleinerten Mandeln. Die Käsetaler müssen vollständig von der Panade ummantelt sein, damit beim Braten kein Käse ausläuft!

6. Erhitze in einer beschichteten Pfanne reichlich Öl und brate darin die panierten Käsetaler von beiden Seiten goldbraun an.

7. Zum Anrichten verteilst du den Möhrensalat aus dem Mixtopf auf Teller und setzt darauf jeweils mittig einen Käsetaler auf. Beträufle zu guter Letzt die Käsetaler nach Belieben mit dem Orangen-Honig-Sirup.

4 Portionen

25 Min.

leicht

ORIENTALISCHER NUDELSALAT MIT KORIANDER UND LIMETTENDRESSING

Zubereitungszeit: 15 Minuten
Ruhezeit: 10 Minuten
Zutaten für 4 Portionen

- 500 g Wasser
- 250 g Reisnudeln oder Vermicelli
- ¼ Bund Koriander, Blätter abgezupft
- ¼ Bund Minze, Blätter abgezupft
- 150 g Möhren, geschält, in groben Stücken
- ½ Bio-Gurke, entkernt, in groben Stücken
- 1 Chilischote, entkernt, in groben Stücken
- 20 g Rohrzucker
- 4 EL Limettensaft
- 1 EL Fischsauce

1. Koche das Wasser im Mixtopf 10 Minuten/ 100°C/ Stufe 1 auf. Gib die Nudeln in eine hitzebeständige Schüssel und übergieße diese dann mit dem kochenden Wasser. Lass die Nudeln darin 10 Minuten aufquellen, anschließend siebst du sie ab und lässt sie abkühlen. Schneide auf Wunsch die Nudeln mit einer Schere in mundgerechte Stücke.

2. Trockne in der Zwischenzeit den Mixtopf und wasche den Koriander und die Minze. Tupfe beide Zutaten trocken, zupfe die Blätter ab und zerkleinere sie im Mixtopf 3 Sekunden/ Stufe 8. Schiebe die Stücke mit dem Spatel nach unten.

3. Schäle die Möhren und gib sie in groben Stücken in den Mixtopf dazu. Wasche die Gurke und entkerne sie mithilfe eines Löffels. Gib diese ebenfalls in groben Stücken in den Mixtopf. Wasche und entkerne die Chilischote und gib auch diese in groben Stücken in den Mixtopf dazu. Zerkleinere die Zutaten 4 Sekunden/ Stufe 5 und gib sie danach zu den Nudeln in die Schüssel.

4. Für das Dressing löst du Zucker mit Limettensaft und Fischsauce im Mixtopf 30 Sekunden/ Stufe 3 auf.

5. Verrühre anschließend das Dressing mit den Zutaten in der Schüssel und fertig ist der Salat!

mixtipp
Lass den Salat vor dem Servieren etwas ziehen, damit die Zutaten den Geschmack besser aufnehmen können.

4 Portionen

50 Min.

leicht

ROTER QUINOASALAT

Zubereitungszeit: 30 Minuten
Abkühlzeit: 20 Minuten
Zutaten für 4 Portionen

- 1 Fenchelknolle, geputzt, in Vierteln
- 2 Frühlingszwiebeln, geputzt, in groben Stücken
- ½ Bund Petersilie, glatt, Blätter abgezupft
- Saft von ½ Zitrone
- 30 g Olivenöl
- ½ TL Salz
- 1 Prise Pfeffer
- 600 g Wasser
- 2 TL Bio-Gemüsebrühepaste, ohne Glutamat und Hefeextrakt
- 200 g Quinoa, rot, z.B. Canihua von Davert
- 3 Orangen, filetiert

1. Als Erstes wäschst du die Fenchelknolle, befreist sie vom Strunk und viertelst sie. Wasche die Frühlingszwiebeln und befreie sie von den Wurzelansätzen. Gib sie in groben Stücken mit den Fenchelstücken in den Mixtopf. Nun wäschst du die Petersilie, tupfst sie trocken, zupfst die Blätter ab und zerkleinerst sie zusammen mit den anderen Zutaten im Mixtopf 3 Sekunden/ Stufe 8. Fülle die Mischung anschließend in eine Schüssel um.

2. Verrühre für das Salatdressing Zitronensaft, Olivenöl, Salz und Pfeffer im Mixtopf 10 Sekunden/ Stufe 3 und gieße das Dressing über die Mischung in der Schüssel.

3. Nun erhitzt du Wasser und Gemüsebrühepaste im Mixtopf 7 Minuten/ 100°C/ Linkslauf/ Sanftrührstufe und gibst dabei die Quinoa nach und nach durch die Deckelöffnung hinzu. Sobald die Gemüsebrühe die Temperatur von 100°C erreicht hat, lässt du die Quinoa wie auf der Packungsanweisung beschrieben weiterkochen.

4. In der Zwischenzeit schälst du die Orangen, filetierst sie und gibst sie zu der Fenchelmischung in die Schüssel.

5. Sobald die Quinoa gar ist, siebst du diese im Garkörbchen ab und lässt sie abkühlen. Danach vermengst du sie vorsichtig mit der Mischung in der Schüssel und schmeckst den Salat mit Salz und Pfeffer ab. Somit ist der Salat fertig zum Servieren.

mixtipp
Der Salat schmeckt besser, wenn du ihn länger durchziehen lässt.

فلفل شیرین
۱۰۰۰۰
بادمجان
مینیاتوری
مخصوص غذا و ترشی
۱۰۰۰۰

„Das schönste Haus ist das,
welches jedermann offen steht."

(indisches Sprichwort)

DIPS, SAUCEN & DRESSINGS

4 Portionen

40 – 45 Min.

mittel

BABAGANOUSH – AUBERGINENCREME

Zubereitungszeit: 10 Minuten
Backzeit: 30–35 Minuten, 200°C Ober-/Unterhitze
Utensilien: Backblech, -papier
Zutaten für 4 Portionen als Vorspeise

- 2 Auberginen, groß, geputzt, längs halbiert
- Olivenöl zum Einpinseln der Auberginen + 30 g Olivenöl
- 2 Knoblauchzehen
- ½ Zwiebel
- Saft von 1 Zitrone
- 1 EL Tahin (Sesammus), erhältlich im gut sortierten Supermarkt
- Salz und Pfeffer, nach Belieben
- 3 Stängel Petersilie, glatt, zum Dekorieren

1. Heize zunächst den Backofen auf 200°C Ober-/Unterhitze vor.

2. Wasche die Auberginen und befreie sie vom Strunk. Halbiere die Auberginen längs und pinsele sie mit etwas Olivenöl ein. Verteile sie auf einem mit Backpapier ausgelegten Backblech und backe die Auberginen im vorgeheizten Ofen 30–35 Minuten/ 200°C Ober-/Unterhitze, bis sie weich sind. Nimm die Auberginen anschließend aus dem Ofen heraus und lass sie abkühlen.

3. Schäle Knoblauch und Zwiebel und gib den Knoblauch in den Mixtopf. Zerkleinere den Knoblauch 5 Sekunden/ Stufe 5 und schiebe anschließend die Reste mit dem Spatel nach unten. Gib dann die halbe Zwiebel dazu und zerkleinere die Zutaten wiederum 5 Sekunden/ Stufe 5. Schiebe die Reste wieder mit dem Spatel nach unten.

4. Entnehme mit einem Löffel das Fruchtfleisch aus der abgekühlten Aubergine und gib dieses in den Mixtopf dazu. Füge außerdem Zitronensaft, Tahin, 30 g Olivenöl, Salz und Pfeffer hinzu. Verrühre die Creme 10 Sekunden/ Stufe 7. Schmecke die Auberginencreme abschließend nochmals mit Salz und Pfeffer ab und garniere sie vor dem Servieren mit frischer Petersilie.

mixtipp
Verwende zum Dekorieren Koriander anstatt Petersilie.

4 Portionen

10 Min.

leicht

ROTE-BETE-JOGHURT-DIP

Zubereitungszeit: 10 Minuten
Zutaten für 4 Portionen

- 110 g Rote Bete, vorgegart, aus dem Glas, in groben Stücken
- 150 g Gurke, geschält, entkernt, in groben Stücken
- 50 g Radieschen, geputzt, in Vierteln
- 1 Frühlingszwiebel, geputzt, in groben Stücken
- ½ Bund Minze, Blätter abgezupft
- 150 g Naturjoghurt, 3,5 % Fett
- ½ TL Kreuzkümmel, gemahlen
- 1 TL Agavendicksaft
- 5 g Salz
- 1 Prise Pfeffer

1. Schneide die Rote Bete in grobe Stücke und gib sie in den Mixtopf. Schäle die Gurke, entkerne sie mit Hilfe eines Löffels und gib sie in groben Stücken in den Mixtopf dazu. Danach wäschst du die Radieschen, befreist sie vom Strunkansatz und schneidest sie in Viertel. Gib die Radieschenviertel ebenfalls in den Mixtopf dazu. Wasche dann die Frühlingszwiebel, befreie sie von den Wurzelansätzen und gib sie in groben Stücken in den Mixtopf dazu. Zerkleinere die Zutaten 3 Sekunden/ Stufe 5 und fülle die Mischung in eine Schüssel um.

2. Reinige den Mixtopf gründlich.

3. Als Nächstes wäschst du die Minze, tupfst sie trocken, zupfst die Blätter ab und zerkleinerst sie im Mixtopf 3 Sekunden/ Stufe 8. Schiebe die Stücke mit dem Spatel nach unten und gib Naturjoghurt, Kreuzkümmel, Agavendicksaft und die Mischung aus der Schale hinzu. Verrühre die Zutaten 5 Sekunden/ Linkslauf/ Stufe 2. Würze den Dip mit Salz und Pfeffer und serviere ihn.

4 Portionen

10 Min.

leicht

SCHARFES DRESSING

Zubereitungszeit: 10 Minuten
Zutaten für 4 Portionen

- 1 Knoblauchzehe
- 3 Stiele Minze, Blätter abgezupft
- 3 Stiele Petersilie, glatt, Blätter abgezupft
- 2 TL Harissa, alternativ Sambal Oelek oder 2 Thai-Chilischoten, rot
- 125 g Olivenöl
- ½ TL Kreuzkümmel, gemahlen
- Saft von 1 Zitrone
- ½ TL Salz
- 1 TL Agavendicksaft
- 1 Prise Pfeffer

1. Schäle den Knoblauch und gib ihn in den Mixtopf. Wasche Minze und Petersilie, tupfe beide Zutaten trocken, zupfe die Blätter ab und zerkleinere sie mit Knoblauch und Harissa im Mixtopf 5 Sekunden/ Stufe 5. Schiebe die Stücke mit dem Spatel nach unten.

2. Füge Olivenöl, Kreuzkümmel, Zitronensaft, Salz, Agavendicksaft und Pfeffer hinzu und vermische alle Zutaten 20 Sekunden/ Stufe 5.

JENAER GLAS®

4 Portionen

5 Min.

leicht

FRUCHTIGES GRANAT-APFELDRESSING

Zubereitungszeit: 5 Minuten
Zutaten für 4 Portionen Salatdressing

- 1 Knoblauchzehe
- ½ unbehandelte Bio-Zitrone
- 6 EL Granatapfelsirup, erhältlich z.B. im türkischen Lebensmittelladen
- ½ TL Kreuzkümmel, gemahlen
- 1 TL Honig
- 6 EL Olivenöl
- Salz und Pfeffer, nach Belieben

1. Schäle den Knoblauch und wasche die Zitrone unter heißem Wasser ab. Reibe die Zitronenschale der halben Zitrone mit einer feinen Reibe oder einem Zestenreißer ab und achte dabei darauf, nicht das Weiße mit abzureiben, da es bitter schmeckt.

2. Gib Knoblauch und Zitronenschale in den Mixtopf und zerkleinere beides 5 Sekunden/ Stufe 5. Schiebe die Reste mit dem Spatel nach unten.

3. Presse den Saft der halben Zitrone in den Mixtopf und füge noch Granatapfelsirup, Kreuzkümmel, Honig, Öl, Salz und Pfeffer hinzu. Verrühre die Zutaten 20 Sekunden/ Stufe 5. Fülle das Dressing in eine separate Schüssel um und stelle es bis zum Servieren zur Seite.

4 Portionen

10 Min.

leicht

MUHAMMARA – WALNUSS-PAPRIKA-PASTE

Zubereitungszeit: 10 Minuten
Zutaten für 4 Portionen

- 2 Knoblauchzehen
- 100 g Walnusskerne
- 210 g Paprikaschoten, rot, geröstet, eingelegt, aus dem Glas, abgetropft
- 4 Scheiben Toastbrot, entrindet, in groben Stücken
- 40 g Olivenöl
- 2 TL Tomatenmark
- ½ TL Chilipulver
- Salz, nach Belieben

1. Schäle den Knoblauch und zerkleinere ihn mit den Walnusskernen im Mixtopf 5 Sekunden/ Stufe 8. Schiebe die Stücke mit dem Spatel nach unten.

2. Lass die Paprikaschoten abtropfen, entrinde währenddessen das Toastbrot und schneide es in grobe Stücke. Gib beide Zutaten mit Olivenöl, Tomatenmark, Chilipulver und Salz in den Mixtopf und verrühre alle Zutaten 10 Sekunden/ Stufe 8. Schmecke zum Schluss die Paste mit Salz ab.

4 Portionen

2 Min.

leicht

WÜRZIGE JOGHURT-SAUCE

Zubereitungszeit: 2 Minuten
Zutaten für 4 Portionen

- 10 g Olivenöl
- Saft von ½ Zitrone
- 125 g Naturjoghurt, 10 % Fett, z.B. griechischer Joghurt
- 1 Prise Salz
- 1 Prise Pfeffer
- 1 Prise Sumach, erhältlich z.B. im türkischen Lebensmittelladen

Verrühre Olivenöl, Zitronensaft, Naturjoghurt, Salz, Pfeffer und Sumach im Mixtopf 10 Sekunden/ Stufe 4. Schon ist deine würzige Joghurtsauce fertig!

*„Wer lange nachdenkt,
beginnt nicht, und wer nicht beginnt,
gewinnt nicht."*

(arabisches Sprichwort)

VEGETARISCHE GERICHTE

4 Portionen

1 h

leicht

COUSCOUS MIT OFENGEMÜSE

Zubereitungszeit: 20 Minuten
Backzeit: 40 Minuten,
200°C Ober-/Unterhitze
Utensilien: Backblech
Zutaten für 4 Portionen

250 g Couscous
200 g Gemüsebrühe
1 EL Kurkuma, gemahlen
1000 g Gemüse, nach Wahl, geputzt, in groben Würfeln, z.B. Süßkartoffeln, Blumenkohl, Paprika, Zucchini, Aubergine, Zwiebeln etc.
20 g Olivenöl + für das Blech
2 EL Crema di Balsamico
1 TL Kräutersalz, z.B. von Bad Reichenhaller
1 TL Pfeffer, schwarz

1. Stelle zunächst eine Schüssel auf den Mixtopf und wiege darin den Couscous ein. Stelle die Schüssel anschließend zur Seite und heize den Backofen auf 200°C Ober-/Unterhitze vor.

2. Fülle in den Mixtopf Gemüsebrühe und Kurkuma und koche die Mischung 4 Minuten/ 100°C/ Stufe 1. Gieße die kochende Brühe dann über den Couscous in der Schüssel und lass ihn 20 Minuten quellen.

3. Putze das Gemüse deiner Wahl und schneide es in grobe Würfel. Fette ein Backblech mit Olivenöl ein und verteile das Gemüse auf dem Blech. Würze das Gemüse mit Olivenöl, Balsamico, Salz und Pfeffer und backe es im Ofen ca. 40 Minuten/ 200°C Ober-/Unterhitze.

4. Verreibe nach der Quellzeit den Couscous zwischen den Fingern, sodass sich die Körnchen voneinander trennen und keine Klümpchen mehr vorhanden sind. Fülle den Couscous in eine große Schüssel und verteile das gebackene Gemüse gleichmäßig darauf.

4 Portionen

45 Min.

leicht

FALAFEL GRUNDREZEPT

Zubereitungszeit: 35 Minuten
Quellzeit: 10 Minuten
Utensilien: Pfanne
Zutaten für 4 Portionen

- 2 EL Chia-Samen
- 1 Knoblauchzehe
- 1 Zwiebel, halbiert
- ½ Bund Koriander, Blätter abgezupft
- 400 g Kichererbsen, vorgegart, aus der Dose, abgetropft
- 1–1 ½ TL Salz
- ½ TL Pfeffer, schwarz
- ½ TL Kreuzkümmel, gemahlen
- 1 EL Zitronensaft
- Öl zum Ausbacken

1. Fülle eine kleine Schüssel mit lauwarmem Wasser und lass die Chia-Samen darin 10 Minuten quellen.

2. Schäle anschließend den Knoblauch und die Zwiebel und halbiere die Zwiebel. Gib den Knoblauch in den Mixtopf und zerkleinere ihn 5 Sekunden/ Stufe 5. Schiebe die Reste mit dem Spatel nach unten.

3. Wasche den Koriander, tupfe ihn trocken und zupfe die Blätter ab. Lass die Kichererbsen abtropfen und spüle sie mit Wasser ab. Gib Zwiebel, Koriander, Kichererbsen, Salz, Pfeffer, Kreuzkümmel und Zitronensaft in den Mixtopf und zerkleinere die Zutaten 10 Sekunden/ Stufe 5. Schmecke die Masse ab und würze sie eventuell noch etwas nach.

4. Füge nun die gequollenen Chia-Samen hinzu und mische sie 1 Minute/ Teigknetstufe unter die Zutaten. Forme aus der Teigmasse tischtennisgroße Bällchen und erhitze das Öl in einer hohen, beschichteten Pfanne. Backe die Falafel in der Pfanne portionsweise aus.

4 Portionen

30–35 Min.

leicht

GEFÜLLTE TOMATEN

Zubereitungszeit: 10 Minuten
Backzeit: 20–25 Minuten, 180°C Ober-/Unterhitze
Utensilien: Auflaufform
Zutaten für 4 Portionen

- 50 g Mandeln, blanchiert (s. S. 14)
- 1 Bund Petersilie, glatt, Blätter abgezupft
- 100 g Feta, in groben Stücken
- 2 Schalotten, halbiert
- 2 Knoblauchzehen
- 1 EL Olivenöl + für die Form
- Salz und Pfeffer, nach Belieben
- 8 Strauchtomaten à ca. 100 g

1. Heize den Ofen auf 180°C Ober-/Unterhitze vor und fette eine Auflaufform mit etwas Olivenöl ein.

2. Gib die Mandeln in den Mixtopf und hacke sie 5 Sekunden/ Stufe 6. Fülle die zerkleinerten Mandeln in eine separate Schüssel um.

3. Wasche die Petersilie, tupfe sie trocken und zupfe die Blätter ab. Zerkleinere die Petersilie im Mixtopf 3 Sekunden/ Stufe 8. Fülle die zerkleinerte Petersilie zu den Mandeln in die Schüssel.

4. Gib den Feta in groben Stücken in den Mixtopf und zerkleinere ihn 5 Sekunden/ Stufe 5. Gib den Feta ebenfalls in die Schüssel zu Mandeln und Petersilie.

5. Schäle Schalotten und Knoblauch und halbiere die Schalotten. Gib die Zutaten in den Mixtopf und zerkleinere sie 3 Sekunden/ Stufe 5. Füge das Olivenöl hinzu und dünste die Mischung 2 Minuten/ Varoma/ Stufe 1.

6. Gib die beiseitegestellte Feta-Mandel-Petersilien-Mischung in den Mixtopf dazu und vermenge die Zutaten 10 Sekunden/ Linkslauf/ Stufe 3. Schmecke die Mischung mit Salz und Pfeffer ab.

7. Wasche die Tomaten und schneide jeweils den Deckel ab. Löse das Tomateninnere mit einem Löffel heraus. Fülle die Tomaten mit der Mischung aus dem Mixtopf und setze sie in die gefettete Auflaufform. Lege die Tomatendeckel wieder locker auf die Tomaten drauf und backe sie anschließend im vorgeheizten Ofen 20–25 Minuten/ 180°C Ober-/Unterhitze. Achte dabei darauf, dass die Tomaten nicht aufplatzen.

8. Anschließend kannst du die fertigen Tomaten servieren.

GEMÜSEKÖFTE
MIT TOMATEN-DATTEL-SAUCE

Zubereitungszeit: 1 Stunde
Utensilien: Pfanne
Zutaten für 4 Portionen

Für die Köfte:

- ¼ Bund Petersilie, glatt, Blätter abgezupft
- ¼ Bund Minze, Blätter abgezupft
- 200 g Möhren, geschält, in groben Stücken
- 200 g Zucchini, geputzt, in groben Stücken
- 100 g Zwiebel, halbiert
- ½ TL Salz + zum Abschmecken
- 2 Eier, Größe M
- 200 g Frischkäse, körnig
- 135 g Haferflocken, kernig
- 35 g Cornflakes
- ¼ TL Bohnenkraut, gerebelt, nach Belieben
- Pfeffer, schwarz, nach Belieben
- je 1 Prise Chili, Muskatnuss und Zimt
- 2 EL neutrales Öl zum Braten

Für die Tomaten-Dattel-Sauce:

- 100 g Datteln, getrocknet oder frisch, ohne Stein
- 2 Knoblauchzehen
- 1 Chilischote, entkernt
- 1 Paprika, grün, geviertelt
- 100 g Zwiebeln, halbiert
- 150 g Möhren, geschält, in groben Stücken
- 2 EL Olivenöl
- 400 g Tomaten, stückig, aus der Dose
- 1 EL Balsamicoessig, dunkel
- 1 gestr. TL Paprikapulver, geräuchert
- je 1 Prise Zimt und Muskatnuss
- Salz zum Abschmecken

Fortsetzung Seite 62

Fortsetzung von Seite 60

GEMÜSEKÖFTE MIT TOMATEN-DATTEL-SAUCE

1. Für die Köfte wäschst du zunächst Petersilie und Minze, tupfst sie trocken und zupfst die Blätter ab. Gib diese in den Mixtopf und zerkleinere sie 3 Sekunden/ Stufe 8. Fülle die Kräuter in eine separate Schüssel um.

2. Schäle die Möhren und schneide sie in grobe Stücke. Wasche die Zucchini, schneide die Strunkansätze ab und schneide auch sie in grobe Stücke. Schäle und halbiere die Zwiebeln. Gib Möhre, Zucchini, Zwiebel und Salz in den Mixtopf und zerkleinere die Zutaten 5 Sekunden/ Stufe 5. Fülle die Mischung ins Garkörbchen um. So kann das Gemüse Wasser ziehen und abtropfen.

3. Drücke das Gemüse mit einem Löffel aus und gib es zurück in den Mixtopf. Füge die beiseitegestellten Kräuter, Eier, Frischkäse, Haferflocken, Cornflakes, Bohnenkraut, Pfeffer, Chili, Muskatnuss und Zimt hinzu und vermenge die Zutaten 2 Minuten/ Teigknetstufe. Die Masse sollte abbinden. Ansonsten gibst du noch ein wenig mehr Haferflocken dazu. Schmecke die Mischung nochmals mit Salz ab und fülle sie dann in eine separate Schüssel um.

4. Spüle den Mixtopf und trockne ihn ab.

5. Für die Sauce gibst du die Datteln in den Mixtopf und zerkleinerst sie 6 Sekunden/ Stufe 8. Fülle die Datteln in eine separate Schüssel um.

6. Schäle den Knoblauch und entkerne die Chilischote. Gib beides in den Mixtopf und zerkleinere die Zutaten 5 Sekunden/ Stufe 5. Schiebe die Stücke mit dem Spatel nach unten.

7. Wasche und entkerne die Paprika und viertele sie. Schäle die Zwiebeln und halbiere sie und schäle die Möhren und schneide sie in grobe Stücke. Gib Paprika, Zwiebel und Möhre zum Knoblauch in den Mixtopf und zerkleinere die Mischung 5 Sekunden/ Stufe 5. Schiebe die Reste mit dem Spatel nach unten und füge Öl hinzu. Dünste die Mischung 7 Minuten/ Varoma/ Stufe 1.

8. Füge die stückigen Tomaten, die beiseitegestellten Datteln, Balsamicoessig, Paprikapulver, Zimt und Muskatnuss hinzu und lass die Zutaten 10 Minuten/ Varoma/ Stufe 1 ohne Messbecher köcheln. Als Spritzschutz kannst du das Garkörbchen auf den Mixtopfdeckel stellen. Lass die Sauce bis zum Servieren im Mixtopf, so bleibt sie warm.

9. Nun geht es wieder an die Köfte-Masse. Diese sollte in der Zwischenzeit abgebunden haben. Forme aus der Masse mit feuchten Händen Bällchen mit einem Durchmesser von ca. 5 cm. Drücke die Bällchen etwas flach. Erhitze reichlich Öl in einer Pfanne und brate darin die Köfte goldbraun aus.

10. Serviere die gebratenen Köfte mit der Tomaten-Dattel-Sauce aus dem Mixtopf.

1 Blech

2 h
5–10 Min.

mittel

ORIENT-PIZZA

Zubereitungszeit: 20 Minuten
Ruhezeit: 1 Stunde 20 Minuten
Backzeit: 25–30 Minuten, 200°C Ober-/Unterhitze
Utensilien: Pfanne, Backblech
Zutaten für 1 Blech

- 350 g Dinkelkörner
- 1 TL Honig
- 1 Päckchen Trockenhefe
- 40 g Olivenöl
- ½ TL Salz
- 200 g Wasser, lauwarm
- 50 g Walnusskerne
- 2 Zwiebeln, halbiert
- 2 Knoblauchzehen
- 2 Paprika, rot und grün, entkernt, in 1 cm breiten Würfeln
- 1 TL Paprikapulver, edelsüß
- 1 TL Kräuter der Provence
- 1 TL Kreuzkümmel, gemahlen
- 2 EL Petersilie, gehackt
- 1 Aubergine, groß, geputzt, in Scheiben
- Salz und Pfeffer, nach Belieben
- 4 Tomaten, entkernt, in Vierteln

- 200 g Feta
- Olivenöl zum Braten
- Mehl für die Arbeitsfläche
- Butter für die Form

Fortsetzung Seite 64

Fortsetzung von Seite 63

ORIENT-PIZZA

1. Zunächst zerkleinerst du für den Teig 175 g der Dinkelkörner im Mixtopf 1 Minute/ Stufe 10 und füllst das Mehl in eine Schale um. Wiederhole die Einstellung mit den restlichen 175 g Dinkelkörnern und gib das Mehl aus der Schale in den Mixtopf zurück.

2. Gib Honig, Trockenhefe, 20 g Öl und Salz in den Mixtopf dazu und verrühre die Zutaten 3 Minuten/ Teigknetstufe. Gib dabei nach und nach das Wasser durch die Deckelöffnung dazu. Wenn du siehst, dass der Teig noch zu fest ist, gibst du zusätzlich 50 g Wasser dazu und verrührst den Teig erneut 1 Minute/ Teigknetstufe. Fülle ihn in eine Schüssel um und lass ihn zugedeckt an einem warmen Ort 1 Stunde ruhen. Das Volumen des Teiges sollte sich in dieser Zeit deutlich vergrößern.

3. In der Zwischenzeit reinigst du den Mixtopf gründlich und trocknest ihn. Zerkleinere nun im Mixtopf die Walnusskerne 5 Sekunden/ Stufe 7 und fülle sie in eine Schale um.

4. Schäle Zwiebeln und Knoblauch und zerkleinere den Knoblauch im Mixtopf 5 Sekunden/ Stufe 5. Schiebe die Stücke mit dem Spatel nach unten und gib die Zwiebeln halbiert in den Mixtopf. Zerkleinere nun diese 5 Sekunden/ Stufe 5 und schiebe wieder die Stücke mit dem Spatel nach unten. Dünste nun die Mischung mit den restlichen 20 g Öl 2 Minuten/ Varoma/ Stufe 1 an.

5. Wasche und entkerne beide Paprikas und schneide sie jeweils in 1 cm breite Würfel. Gib diese zusammen mit Paprikapulver, Kräutern der Provence, Kreuzkümmel und gehackter Petersilie in den Mixtopf und dünste die Zutaten 5 Minuten/ Varoma/ Linkslauf/ Stufe 1 an.

6. Währenddessen wäschst und befreist du die Aubergine vom Strunk und schneidest sie in ½ cm breite Scheiben. Brate die Scheiben in einer Pfanne mit reichlich Olivenöl von beiden Seiten goldbraun an und würze die Scheiben mit Salz und Pfeffer.

7. Wasche und entkerne die Tomaten mithilfe eines Löffels und schneide sie in Viertel. Füge die Tomaten und die zerkleinerten Walnüsse in den Mixtopf hinzu und rühre die Zutaten mithilfe des Spatels vorsichtig unter. Schmecke die Mischung mit Salz und Pfeffer ab.

8. Heize den Backofen auf 200°C Ober-/Unterhitze vor und fette ein Backblech mit etwas Butter ein. Bestäube das Backblech zusätzlich mit etwas Mehl. Rolle den Teig auf einer bemehlten Arbeitsfläche aus und lege ihn auf das vorbereitete Backblech. Verteile die Mischung aus dem Mixtopf gleichmäßig auf dem Teig und lege darauf die Auberginenscheiben.

9. Brösele den Feta gleichmäßig über die Pizza, würze sie mit Salz und Pfeffer und lass sie 20 Minuten gehen. Backe anschließend die Pizza im vorgeheizten Backofen 25–30 Minuten/ 200°C Ober-/Unterhitze.

mixtipp
Du kannst den Belag natürlich nach Geschmack variieren und z.B. Zucchini oder einen anderen Käse verwenden.

4 Portionen

5 Min.

leicht

HONIGSÜSSE PAPRIKASCHOTEN
MIT PINIENKERNEN

Zubereitungszeit: 5 Minuten
Utensilien: Pfanne
Zutaten für 4 Portionen

- 210 g Paprikaschoten, geröstet, eingelegt, aus dem Glas, abgetropft
- 30 g Pinienkerne
- 2 Knoblauchzehen
- ½ Bund Petersilie, glatt, Blätter abgezupft + ein wenig Petersilie zum Garnieren
- 4 EL Olivenöl
- 2 EL Balsamicoessig, dunkel
- 2 EL Honig, flüssig
- Salz und Pfeffer, nach Belieben

1. Lass die eingelegten Paprikaschoten über einem Sieb abtropfen. Entferne noch eventuell vorhandene Kerne und schneide die Paprikaschoten jeweils an den Trennwänden in größere Spalten.

2. Erhitze eine Pfanne ohne Fett und röste darin die Pinienkerne, bis sie duften. Fülle sie anschließend direkt in eine separate Schüssel um, da sie sonst sehr schnell in der Pfanne verbrennen.

3. Schäle den Knoblauch, wasche die Petersilie, tupfe sie trocken und zupfe die Blätter ab. Gib beides in den Mixtopf und zerkleinere die Zutaten 3 Sekunden/ Stufe 8. Schiebe die Stücke mit dem Spatel nach unten. Füge Olivenöl hinzu und dünste die Zutaten 1 Minute/ Varoma/ Stufe 1.

4. Nun gibst du noch Balsamico, Honig, Salz und Pfeffer hinzu und mischst die Zutaten 10 Sekunden/ Linkslauf/ Stufe 2.

5. Gieße das Dressing über die Paprikaschoten und würze die Mischung nochmals mit Salz und Pfeffer. Garniere die Paprikaschoten mit Petersilie und den gerösteten Pinienkernen.

4 Portionen | 5 Min. | leicht

HUMMUS – KICHERERBSENCREME

Zubereitungszeit: 5 Minuten
Zutaten für 4 Portionen

260 g Kichererbsen, vorgegart, aus der Dose, abgetropft
1 TL Kreuzkümmel, gemahlen
2 Knoblauchzehen
Saft von 1–2 Zitronen, nach Belieben
1 EL Tahin (Sesammus), erhältlich im gut sortierten Supermarkt
½ TL Salz
1 Prise Pfeffer, weiß
50 g Olivenöl
½ TL Paprikapulver, edelsüß
Korianderblätter zum Dekorieren

1. Zuerst lässt du die Kichererbsen im Garkörbchen gut abtropfen.

2. Währenddessen erhitzt du den Kreuzkümmel im Mixtopf 1 Minute/ 100°C/ Stufe 1. Schäle den Knoblauch und gib ihn in den Mixtopf dazu. Zerkleinere diesen 5 Sekunden/ Stufe 5 und schiebe die Stücke mit dem Spatel nach unten.

3. Als Nächstes fügst du Kichererbsen, Zitronensaft, Tahin, Salz, Pfeffer, Olivenöl und Paprikapulver in den Mixtopf hinzu und pürierst die Zutaten 30 Sekunden/ Stufe 8.

4. Schmecke das Hummus noch mal mit den Gewürzen ab und fülle dieses in eine Schale um. Dekoriere das Hummus mit einigen Korianderblättern und serviere es.

6 Pide

1 h

mittel

PIDE MIT SPINAT UND FETA

Zubereitungszeit: 45 Minuten
Backzeit: 15 Minuten, 220°C Ober-/Unterhitze
Utensilien: Backblech, -papier
Zutaten für 6 Pide

- 20 g Pinienkerne
- 500 g Wasser
- 500 g Blattspinat, frisch
- 2 Zwiebeln, halbiert
- 2 Knoblauchzehen
- 20 g Olivenöl
- Salz und Pfeffer, nach Belieben
- ½ TL Kreuzkümmel, gemahlen
- 200 g Magerquark
- 100 g Milch
- 80 g neutrales Öl, z.B. Sonnenblumen- oder Rapsöl
- 400 g Dinkelmehl, Type 1050 + für die Arbeitsfläche
- 1 Päckchen Backpulver
- 200 g Feta, in groben Stücken
- 200 g Cocktailtomaten, in Vierteln
- ½ Bund Minze, Blätter abgezupft, in Streifen

1. Zuerst erhitzt du die Pinienkerne im Mixtopf 2 Minuten/ Varoma/ Sanftrührstufe und füllst sie in ein Schälchen um.

2. Für die Spinatmischung gießt du das Wasser in den Mixtopf und verschließt diesen mit dem Mixtopfdeckel, aber ohne den Messbecher aufzusetzen. Positioniere den Varoma auf dem Mixtopfdeckel. Wasche den Spinat und gib ihn in den Varoma. Achte darauf, dass du genügend Schlitze frei lässt, damit der Dampf zirkulieren kann. Verschließe den Varoma und stelle sicher, dass alles richtig sitzt, damit kein Dampf unkontrolliert entweichen kann. Gare den Spinat nun 12 Minuten/ Varoma/ Stufe 1. Nach dem Garen setzt du den Varoma vorsichtig ab und lässt den Spinat abkühlen.

3. Gieße das Garwasser ab und trockne den Mixtopf.

4. Schäle Zwiebeln und Knoblauch und gib beide Zutaten halbiert in den Mixtopf. Zerkleinere sie darin 5 Sekunden/ Stufe 5 und schiebe die Stücke mit dem Spatel nach unten. Füge das Olivenöl hinzu und dünste die Mischung 5 Minuten/ Varoma/ Stufe 1 an.

5. Nun drückst du den abgekühlten Spinat mit den Händen gut aus und gibst diesen in den Mixtopf dazu. Würze die Zutaten mit Salz, Pfeffer und Kreuzkümmel und verrühre sie 1 Minute/ Linkslauf/ Stufe 2. Fülle danach die Mischung in eine separate Schüssel um.

6. Reinige den Mixtopf und trockne ihn.

7. Als Nächstes gibst du für den Teig Magerquark, Milch, neutrales Öl, Dinkelmehl, Backpulver und 1 Prise Salz in den Mixtopf und verrührst alle Zutaten 2 Minuten/ Teigknetstufe zu einem glatten Teig.

8. In der Zwischenzeit heizt du den Backofen auf 220°C Ober-/Unterhitze vor und legst ein Backblech mit Backpapier aus.

9. Teile den Teig in sechs gleich große Teile und rolle diese jeweils auf einer bemehlten Arbeitsfläche zu ovalen Fladen aus. Pide haben eine Schiffchenform.

10. Reinige den Mixtopf und gib den Feta in groben Stücken in den Mixtopf dazu. Zerkleinere diesen 5 Sekunden/ Stufe 4 und fülle ihn in ein Schälchen um.

11. Anschließend gießt du die überschüssige Flüssigkeit von der Spinatmischung ab und wäschst die Cocktailtomaten. Schneide diese in Viertel. Gib die Tomatenviertel und die Pinienkerne zu der Spinatmischung in die Schüssel dazu.

12. Wasche die Minze, tupfe sie trocken, zupfe die Blätter ab und schneide diese in Streifen. Gib die Minze auch zu der Spinatmischung dazu. Vermische die Zutaten und verteile sie auf die Pide. Achte dabei darauf, dass du rundherum jeweils einen Rand von ca. 2 cm frei lässt. Nun klappst du die seitlichen Ränder nach oben, so dass die Füllung davon umschlossen ist, und streust den Feta gleichmäßig über die Pide.

13. Backe die Pide im vorgeheizten Backofen 15 Minuten/ 220°C Ober-/Unterhitze goldbraun.

4 Portionen

35 Min.

leicht

SHAKSHUKA – ISRAELISCHES FRÜHSTÜCKSGERICHT

Zubereitungszeit: 35 Minuten
Zutaten für 4 Portionen

1 Zwiebel, halbiert
1 Knoblauchzehe
1 Chilischote, entkernt
200 g Spitzpaprika, entkernt, in groben Stücken
20 g Olivenöl
220 g Kichererbsen, vorgegart, aus der Dose, abgetropft
240 g Kidneybohnen, gegart, aus der Dose, abgetropft
400 g Tomaten, stückig, aus der Dose
1 TL Korianderblätter, frisch
1 TL Kreuzkümmel, gemahlen
10 g Honig
Salz und Pfeffer, nach Belieben
½ Bund Petersilie, glatt, Blätter abgezupft

1. Schäle Zwiebel und Knoblauch, halbiere die Zwiebel und wasche und entkerne die Chilischote. Gib die Zutaten in den Mixtopf und zerkleinere sie 5 Sekunden/ Stufe 5. Schiebe die Stücke mit dem Spatel nach unten.

2. Wasche und entkerne die Spitzpaprika, schneide sie in grobe Stücke und gib sie in den Mixtopf. Zerkleinere diese 4 Sekunden/ Stufe 4 und schiebe die Stücke wieder mit dem Spatel nach unten. Gib das Öl hinzu und dünste die Zutaten 2 Minuten/ Varoma/ Stufe 1.

3. Als Nächstes gibst du die abgetropften Kichererbsen und Kidneybohnen, Tomaten, Koriander, Kreuzkümmel, Honig, Salz und Pfeffer in den Mixtopf dazu und lässt die Zutaten 20 Minuten/ 90°C/ Linkslauf/ Stufe 1 köcheln. Bei Bedarf kannst du etwas Wasser hinzufügen. Das Bohnengemüse sollte aber eine dickliche Konsistenz haben.

4. Wasche die Petersilie, tupfe sie trocken und zupfe die Blätter ab. Hacke die Petersilienblätter nach Belieben und bestreue damit vor dem Servieren das Gericht.

mixtipp
Wer Koriander liebt, bestreut
das Gericht mit Koriander
anstatt mit Petersilie oder
Schwarzkümmelsamen.

„Humor ist das Salz des Lebens,
und wer gut gesalzen ist,
bleibt lange frisch."

(libanesisches Sprichwort)

FLEISCH-, GEFÜGEL- & FISCHGERICHTE

HÄHNCHENBRUST À L'ORANGE

Zubereitungszeit: 45 Minuten
Marinierzeit: mindestens 1 Stunde
Backzeit: 15 Minuten, 220°C Ober-/Unterhitze
Utensilien: Auflaufform
Zutaten für 4 Portionen

- 2 Knoblauchzehen
- 1 unbehandelte Bio-Orange
- 6 Zweige Estragon
- 20 g Olivenöl + für die Form
- 4 Hähnchenbrüste mit Haut, ohne Knochen, à 200–250 g
- 750 g Wasser
- 4 Möhren, geschält, in mundgerechten Stücken
- 500 g Kartoffeln, klein, neu, gewaschen, halbiert, z.B. Bratlinge
- 1 TL Salz
- ½ TL Pfeffer, schwarz
- 4 Tomaten, entkernt, geviertelt
- 1 EL Honig

1. Für die Marinade schälst du zunächst den Knoblauch und wäschst die Orange unter heißem Wasser ab. Reibe von der Orange mit einem Zestenreißer zwei Streifen der Schale ab. Achte dabei darauf, nicht das Weiße mit abzureiben, denn das schmeckt bitter. Wasche die Estragonzweige und tupfe sie trocken.

2. Gib Knoblauch, Orangenschale und zwei Zweige Estragon in den Mixtopf und zerkleinere die Zutaten 5 Sekunden/ Stufe 5. Füge Olivenöl und den Saft der Orange hinzu und vermische die Zutaten 10 Sekunden/ Stufe 3.

3. Lege die Hähnchenbrüste in eine Schale, schiebe unter die Haut der Hähnchenbrüste jeweils einen Zweig Estragon und gieße die Marinade darüber. Mariniere die Hähnchenbrüste mindestens eine Stunde, gerne auch über Nacht.

4. Nach dem Marinieren füllst du das Wasser in den Mixtopf. Schäle die Möhren und schneide sie in mundgerechte Stücke. Wasche die Kartoffeln und halbiere sie. Fülle Möhren und Kartoffeln in den Varoma und würze sie mit Salz und Pfeffer. Achte dabei darauf, genügend Schlitze frei zu lassen, damit der Dampf zirkulieren kann.

5. Auf dem Varoma-Einlegeboden verteilst du die marinierten Hähnchenbrüste. Achte auch hier darauf, Schlitze frei zu lassen, damit der Dampf zirkulieren kann. Verschließe den Mixtopf mit dem Deckel, aber ohne den Messbecher aufzusetzen. Positioniere den Varoma auf dem Mixtopf, verschließe ihn mit dem Deckel und stelle sicher, dass alles richtig sitzt, damit kein Dampf unkontrolliert entweichen kann. Gare die Zutaten 30 Minuten/ Varoma/ Stufe 1.

6. In der Zwischenzeit heizt du den Backofen auf 220°C Ober-/Unterhitze vor und fettest eine Auflaufform mit Olivenöl ein. Wasche die Tomaten, entkerne und viertele sie.

7. Nach der Garzeit nimmst du den Varoma vorsichtig vom Mixtopf ab und öffnest den Deckel vorsichtig. Verteile das gegarte Gemüse aus dem Varoma in der vorbereiteten Auflaufform und gib die Tomaten dazu. Vermenge das Gemüse sanft miteinander und schmecke es mit Salz und Pfeffer ab.

8. Die Hähnchenbrüste verteilst du auf dem Gemüse und glasierst sie mit Honig. Gib die Auflaufform in den Ofen und gare die Zutaten weitere 15 Minuten/ 220°C Ober-/Unterhitze, bis das Hähnchen knusprig ist.

4 Portionen

1 h 5 Min.

leicht

HÄHNCHENKEULEN À L'ORIENT

Zubereitungszeit: 15 Minuten
Backzeit: 50 Minuten, 200°C Ober-/Unterhitze
Utensilien: Auflaufform, Alufolie
Zutaten für 4 Portionen

1 Aubergine, mittelgroß, geputzt, in Scheiben
2 ½ TL Salz
100 g Mango, getrocknet
250 g Bulgur
4–5 Knoblauchzehen
1 Paprika, entkernt, in groben Stücken
2 TL Kreuzkümmel, gemahlen
200 g Kirschtomaten, halbiert
Salz und Pfeffer, nach Belieben
1 EL Pistazienkerne
40 g Olivenöl + für die Form
1 EL Paprikapulver, edelsüß
1 TL Kräuter der Provence
4 Hähnchenkeulen
500 g Wasser
Minze, zur Dekoration

1. Wasche als Erstes die Aubergine, schneide den Strunkansatz ab und schneide sie in Scheiben. Bestreue die Auberginenscheiben mit 1 TL Salz und lass sie in einer separaten Schüssel ziehen.

2. Gib die getrocknete Mango in den Mixtopf und zerkleinere sie 5 Sekunden/ Stufe 6. Fülle die Mango in eine separate Schüssel um. Heize den Backofen auf 200°C Ober-/Unterhitze vor und fette eine Auflaufform mit etwas Olivenöl ein.

3. Stelle eine leere Schüssel auf den Mixtopfdeckel und wiege darin den Bulgur ein. Gib den Bulgur in ein feinmaschiges Sieb und spüle ihn so lange unter fließendem Wasser aus, bis das Wasser klar ist. Lass den Bulgur anschließend gut abtropfen und fülle ihn in die vorbereitete Form.

4. Schäle 1–2 Knoblauchzehen und zerkleinere sie im Mixtopf 5 Sekunden/ Stufe 5. Schiebe die Stücke mit dem Spatel nach unten. Wasche und entkerne die Paprika und schneide sie in grobe Stücke. Gib die Paprikastücke in den Mixtopf hinzu und zerkleinere die Zutaten wiederum 5 Sekunden/ Stufe 4. Schiebe die Reste mit dem Spatel nach unten.

5. Füge 1 TL Kreuzkümmel und ½ TL Salz hinzu und verrühre die Masse 5 Sekunden/ Stufe 2. Fülle nun die Mischung zum Bulgur in die Auflaufform. Vermische die Zutaten in der Form vorsichtig miteinander und verteile sie gleichmäßig in der Form.

6. Wasche und halbiere die Kirschtomaten. Verteile die Tomaten mit den Auberginen auf dem Bulgur gleichmäßig nebeneinander. Würze die Zutaten leicht mit Salz und Pfeffer.

7. Schäle 3 Knoblauchzehen und gib sie mit den Pistazienkernen und 1 TL Salz in den Mixtopf. Zerkleinere die Mischung 3 Sekunden/ Stufe 8. Füge Olivenöl, Paprikapulver, 1 TL Kreuzkümmel und Kräuter der Provence hinzu und verrühre die Zutaten 10 Sekunden/ Stufe 2.

8. Gieße die Mischung aus dem Mixtopf in einen tiefen Teller und wende die Hähnchenkeulen nacheinander in der Mischung. Verteile die Hähnchenkeulen auf dem Bulgurgemüse.

9. Wiege nun das Wasser in den ungespülten Mixtopf ein und verrühre es 2 Sekunden/ Stufe 2. Fülle die Flüssigkeit vorsichtig in die Auflaufform.

10. Verschließe die Auflaufform fest mit Alufolie und gib sie in den vorgeheizten Ofen. Schmore die Zutaten 20 Minuten/ 200°C Ober-/Unterhitze. Dann nimmst du vorsichtig die Alufolie ab und schmorst das Gericht weitere 30 Minuten/ 200°C Ober-/Unterhitze.

11. Garniere das Gericht anschließend mit frischer Minze und serviere es.

4 Portionen

1 h 45 Min.

mittel

GEMÜSEAUFLAUF MIT KÖFTE UND SESAMSAUCE

Zubereitungszeit: 1 Stunde
Backzeit: 30 und 15 Minuten, 160°C Umluft
Utensilien: Pfanne, Auflaufform, Alufolie
Zutaten für 4 Portionen

Für die Sesamsauce:

- 4 EL Zitronensaft
- 4 EL Tahin (Sesammus), erhältlich im gut sortierten Supermarkt
- 300 g Naturjoghurt, 3,5 % Fett
- Salz und Pfeffer, weiß, nach Belieben

Für die Köfte:

- 300 g Rinderhackfleisch
- 1 TL Ras-el-Hanout, z.B. von Sonnentor
- Salz, nach Belieben
- Öl zum Braten

Weitere Zutaten:

- 500 g Wasser
- 4 Kartoffeln, groß, geschält, in 2 x 2 breiten Würfeln
- 2 Zwiebeln, in 2 x 2 cm breiten Würfeln
- 2 Möhren, geschält, in 2 x 2 cm breiten Würfeln
- 2 Zucchini, geputzt, in 2 x 2 cm breiten Würfeln
- 1 Aubergine, geputzt, in 2 x 2 cm breiten Würfeln
- Olivenöl für die Form

1. Bereite zuerst die Sesamsauce zu. Dafür verrührst du Zitronensaft, Tahin, Naturjoghurt, Salz und Pfeffer im Mixtopf 10 Sekunden/ Stufe 4 und füllst die Sauce in eine Schüssel um.

2. Als Nächstes verrührst du für die Köfte Rinderhackfleisch, Ras-el-Hanout und Salz im Mixtopf 1 Minute/ Teigknetstufe und formst aus der Masse mit feuchten Händen gleich große Bällchen. Stelle die Bällchen bis zu ihrer Weiterverwendung im Kühlschrank kalt.

3. Reinige den Mixtopf gründlich und fülle ihn mit Wasser. Verschließe den Mixtopf mit dem Mixtopfdeckel, aber ohne den Messbecher aufzusetzen.

4. Schäle Kartoffeln, Zwiebeln und Möhren. Schneide die Zutaten jeweils in 2 x 2 cm breite Würfel und gib diese in den Varoma. Achte darauf, dass genügend Schlitze frei bleiben, damit der Dampf zirkulieren kann und verschließe den Varoma. Positioniere den Varoma auf dem Mixtopfdeckel und stelle sicher, dass kein Dampf unkontrolliert entweichen kann. Gare die Zutaten 25 Minuten/ Varoma/ Stufe 1.

5. Währendessen wäschst du Zucchini und Aubergine und befreist sie von den Strunkansätzen. Schneide beide Zutaten ebenfalls in 2 x 2 cm breite Würfel und gib diese nach 15 Minuten Garzeit in den Varoma

dazu. Gare die Zucchini- und Auberginenwürfel mit dem anderen Gemüse bis zum Ende der Garzeit mit.

6. In der Zwischenzeit fettest du eine Form mit Olivenöl ein und heizt den Backofen auf 160°C Umluft vor.

7. Wenn das Gemüse fertig gegart ist, setzt du den Varoma vorsichtig ab und verteilst die Gemüsemischung in die vorbereitete Form.

8. Brate nun die Bällchen in einer heißen Pfanne mit reichlich Öl rundherum knusprig an und verteile diese anschließend auf dem Gemüse in der Form. Decke die Form mit Alufolie ab und backe den Auflauf im vorgeheizten Backofen 30 Minuten/ 160°C Umluft.

9. Nach der Backzeit entfernst du die Alufolie und übergießt den Auflauf gleichmäßig mit der Sesamsauce. Backe den Auflauf dann weitere 15 Minuten/ 160°C Umluft.

4 Portionen

45 Min.

leicht

ORIENTBURGER-PATTIES MIT GEDÜNSTETEN PAPRIKA UND ROTEN ZWIEBELN

Zubereitungszeit: 45 Minuten
Ruhezeit: 10 Minuten
Utensilien: Pfanne
Zutaten für 4 Portionen

- ½ Bund Petersilie, glatt, Blätter abgezupft
- ¼ Bund Minze, Blätter abgezupft
- 2 Zwiebeln, weiß, halbiert
- 3 Knoblauchzehen
- 600 g Rinderhackfleisch, alternativ Lammhackfleisch
- 1 TL Tomatenmark
- 1 Prise Zimt
- 1 Prise Piment
- 1 TL Paprikapulver, edelsüß
- Salz und Pfeffer, nach Belieben
- 2 Paprika, rot und grün, entkernt, in Vierteln
- 2 Zwiebeln, rot, in Achteln
- 1 TL Sumach, erhältlich z.B. im türkischen Lebensmittelladen
- 750 g Wasser

1. Wasche die Petersilie und die Minze, tupfe sie trocken, zupfe die Blätter ab und zerkleinere sie im Mixtopf 3 Sekunden/ Stufe 8. Schiebe die Stücke mit dem Spatel nach unten.

2. Schäle die weißen Zwiebeln und den Knoblauch, halbiere die Zwiebeln und gib beide Zutaten in den Mixtopf dazu. Zerkleinere die Zutaten 5 Sekunden/ Stufe 5 und schiebe die Stücke mit dem Spatel nach unten.

3. Gib Hackfleisch, Tomatenmark, Zimt, Piment, Paprikapulver sowie Salz und Pfeffer dazu und verrühre die Zutaten 2 Minuten/ Teigknetstufe. Forme aus der Masse mit feuchten Händen 4–5 gleich große Burger-Patties und stelle diese bis zu ihrer Weiterverarbeitung im Kühlschrank kalt.

4. In der Zwischenzeit wäschst und entkernst du die Paprikas, schneidest sie in Viertel und verteilst sie im Varoma. Schäle die roten Zwiebeln, schneide sie in Achtel und verteile sie ebenfalls im Varoma. Achte darauf, dass genügend Schlitze frei bleiben, damit der Dampf zirkulieren kann. Würze die Paprika- und Zwiebelstücke mit Salz, Pfeffer und Sumach und verschließe den Varoma.

5. Fülle das Wasser in den Mixtopf und verschließe ihn mit dem Mixtopfdeckel, aber ohne den Messbecher einzusetzen. Positioniere den Varoma auf dem Mixtopfdeckel und stelle sicher, dass kein Dampf unkontrolliert entweichen kann. Dünste die Zutaten 20 Minuten/ Varoma/ Stufe 1.

6. Währenddessen brätst du die Burger-Patties schön langsam in einer beschichteten Pfanne von beiden Seiten knusprig an. Alternativ kannst du die Patties auch grillen.

7. Nach dem Dünsten des Gemüses, setzt du den Varoma vorsichtig ab und servierst das Gemüse mit den Burger-Patties.

mixtipp
Serviere dazu Fladenbrot
(s. S. 94) und Joghurtsauce
(s. S. 50)

4 Portionen

2 h 20 Min.

leicht

WÜRZIGE RINDFLEISCH-SPIESSE MIT PILZEN, PAPRIKA UND ZWIEBELN

Zubereitungszeit: 20 Minuten
Ruhezeit: mindestens 2 Stunden
Utensilien: Schaschlikspieße, Grill
Zutaten für 4 Portionen

- 2 TL Kreuzkümmelsamen
- 2 TL Koriandersamen
- 2 Knoblauchzehen
- 1 Chilischote, getrocknet
- 1 TL Zimt
- 20 g Olivenöl
- 1 unbehandelte Bio-Zitrone
- Salz und Pfeffer, nach Belieben
- 600 g Rinderhüfte, in Würfeln
- 200 g Champignons, weiß, geputzt, halbiert, alternativ in Vierteln
- 2 Zwiebeln, rot, in Achteln
- 1 Paprika, rot, entkernt, in mundgerechten Stücken

1. Als Erstes erhitzt du Kreuzkümmel- und Koriandersamen im Mixtopf 1 Minute/ 100°C/ Stufe 1.

2. Schäle in der Zwischenzeit den Knoblauch und zerkleinere ihn mit der Mischung im Mixtopf 3 Sekunden/ Stufe 8. Schiebe anschließend die Stücke mit dem Spatel nach unten.

3. Gib Chilischote, Zimt, Öl, Zitronenabrieb und -saft, Salz und Pfeffer in den Mixtopf und verarbeite die Zutaten 20 Sekunden/ Stufe 6 zu einer Paste. Wenn dir die Paste noch zu fest ist, rühre gegebenenfalls noch etwas Olivenöl ein.

4. Schneide die Rinderhüfte in mundgerechte Würfel und vermische sie in einer Schüssel mit der Paste aus dem Mixtopf. Lass die Fleischwürfel darin zugedeckt mindestens 2 Stunden im Kühlschrank ziehen, am besten aber über Nacht.

5. Vor dem Grillen putzt du die Champignons und halbierst oder viertelst sie. Schäle die Zwiebeln und achtel sie. Dann wäschst und entkernst du die Paprika und schneidest sie in mundgerechte Stücke. Nun steckst du abwechselnd das vorbereitete Gemüse und die marinierten Fleischwürfel auf die Schaschlikspieße und dann ran an den Grill!

mixtipp
Wenn du Bambusspieße verwendest, musst du diese 30 Minuten vor Benutzung wässern, damit das Fleisch nicht daran kleben bleibt.
mixtipp
Serviere die Spieße mit einer würzigen Joghurtsauce. (s. S. 50).

4 Portionen

1 h

mittel

FISCHFILET MIT PINIENKERNKRUSTE UND KIRSCHTOMATEN

Zubereitungszeit: 45 Minuten
Backzeit: 15 Minuten, 200°C Ober-/Unterhitze
Utensilien: Backblech
Zutaten für 4 Portionen

- 1 Bund Koriander, Blätter abgezupft
- Schale von ½ unbehandelten Bio-Zitrone
- 30 g Pinienkerne
- 2 EL Paniermehl
- Meersalz, nach Belieben
- 1–2 EL Olivenöl + Olivenöl zum Beträufeln + für das Blech
- 250 g Kirschtomaten
- Salz und Pfeffer, nach Belieben
- 750 g Fischfilet, Kabeljau oder Seelachs, die dicken Stücke aus der Mitte (Loins)
- ½ Paprika, rot, entkernt, in Streifen
- 2–3 EL Paprikamark aus der Tube

1. Pinsele ein Backblech mit Olivenöl ein und heize den Backofen auf 200°C Ober-/Unterhitze vor.

2. Für die Pinienkernkruste wäschst du den Koriander, tupfst ihn trocken und zupfst die Blätter ab. Wasche die Zitrone unter heißem Wasser und reibe die Schale der halben mit einer feinen Reibe oder einem Zestenreißer ab. Achte darauf, das Weiße der Schale nicht mit abzureiben, das schmeckt bitter.

3. Gib Korianderblätter, Zitronenschale und Pinienkerne in den Mixtopf und zerkleinere die Zutaten 3 Sekunden/ Stufe 8. Schiebe die Stücke mit dem Spatel nach unten. Füge Paniermehl und Meersalz hinzu und stelle den Thermomix® auf Linkslauf/ Stufe 1 ohne Zeiteinstellung ein. Dabei gießt du nach und nach das Olivenöl dazu, bis die Masse abbindet.

4. Wasche die Kirschtomaten und würze sie mit Salz und Pfeffer. Verteile die Tomaten auf einer Seite des Backblechs. Schneide die Fischfilets in vier Portionen und würze sie beidseitig mit Salz und Pfeffer. Verteile auch die Filets auf dem Backblech.

5. Wasche und entkerne die halbe Paprika und schneide sie in Streifen. Bestreiche die Filets von einer Seite dünn mit Paprikamark, verteile die Paprikastreifen darauf und trage anschließend die Kruste aus dem Mixtopf gleichmäßig auf.

6. Beträufle den Fisch und die Tomaten mit ein wenig Olivenöl und backe die Zutaten 15 Minuten/ 200°C Ober-/Unterhitze im vorgeheizten Ofen, bis der Fisch gar ist und die Kruste eine schöne Bräunung hat.

mixtipp
Dazu schmeckt Reis.

4 Portionen

30 Min.

mittel

LACHSFILET MIT GOJIBEEREN UND KORIANDER

Zubereitungszeit: 30 Minuten
Zutaten für 4 Portionen

- 4 Lachsfilets à 150 g
- 1 unbehandelte Bio-Zitrone
- 4 EL Korianderblätter, frisch
- 2 TL Ras-el-Hanout, z.B. von Sonnentor
- 5 g Salz
- 20 g Olivenöl
- 2 EL Gojibeeren, alternativ Cranberries
- 500 g Wasser

1. Zunächst kontrollierst du, ob an den Lachsfilets noch Gräten sind, und entfernst diese gegebenenfalls vorsichtig.

2. Wasche die Zitrone unter heißem Wasser ab und schäle die Hälfte der Schale mit einer feinen Reibe oder einem Zestenreißer ab. Achte dabei darauf, dass du keine weiße Haut abschälst, da die Marinade sonst bitter werden kann. Gib die Schale mit 2 EL Korianderblättern in den Mixtopf und hacke die Zutaten 3 Sekunden/ Stufe 8. Schiebe die Stücke mit dem Spatel nach unten.

3. Nun gibst du Ras-el-Hanout, Salz und Olivenöl in den Mixtopf dazu und presst den Saft aus der Zitrone in den Mixtopf. Verrühre die Zutaten 10 Sekunden/ Stufe 3 zu einer Marinade. Fülle die Marinade in einen tiefen Teller und wende die Lachsfilets darin. Verteile die Filets anschließend im Varoma und achte dabei darauf, dass du genügend Schlitze frei lässt, damit der Dampf zirkulieren kann. Streue die Gojibeeren gleichmäßig über die Lachsfilets und verschließe den Varoma.

4. Fülle Wasser in den Mixtopf und verschließe diesen mit dem Mixtopfdeckel, aber ohne den Messbecher aufzusetzen. Positioniere den Varoma auf dem Mixtopfdeckel und stelle sicher, dass kein Dampf unkontrolliert entweichen kann. Gare die Lachsfilets 20 Minuten/ Varoma/ Stufe 1 und prüfe anschließend, ob diese gar sind. Die Garzeit richtet sich nach der Dicke der Filets, also verlängere gegebenenfalls die Einstellung um einige Minuten.

5. Nach der Garzeit entfernst du vorsichtig den Varoma und servierst den Lachs mit dem restlichen Koriander bestreut.

"Wenn die Lippen schweigen,
hat das Herz hundert Zungen."

(afghanisches Srichwort)

BROT
&
GEBÄCK

5 Brote

1 h 30 Min.

leicht

EINFACHE PITABROTE

Zubereitungszeit: 10 Minuten
Ruhezeit: ca. 1 Stunde 10 Minuten
Backzeit: 10 Minuten, 220°C Ober-/Unterhitze
Utensilien: Backblech, Nudelholz
Zutaten für 5 Brote

- 300 g Wasser, lauwarm
- ½ Würfel Frischhefe, zerbröselt
- ½ TL Honig
- 500 g Weizenmehl, Type 405 + zum Bestäuben + für die Arbeitsfläche
- ½ TL Salz
- 20 g Olivenöl

1. Gib Wasser, zerbröselte Hefe und Honig in den Mixtopf und löse die Hefe darin 3 Minuten/ 37°C/ Stufe 1 auf.

2. Füge Mehl, Salz und Öl in den Mixtopf hinzu und verknete die Zutaten 3 Minuten/ Teigknetstufe zu einem Teig. Fülle den Teig anschließend in eine separate Schüssel um und lass ihn abgedeckt an einem warmen Ort ca. 1 Stunde ruhen, bis sich das Volumen verdoppelt hat.

3. Heize nun den Backofen auf 220°C Ober-/ Unterhitze vor und bestäube ein Backblech mit Mehl.

4. Nach der Ruhezeit knetest du den Teig nochmals durch und formst ihn dann zu einer Rolle. Schneide die Rolle in fünf gleichgroße Stücke und rolle die Stücke jeweils mit einem Nudelholz auf einer bemehlten Arbeitsfläche zu ca. 3–4 mm dünnen Fladen aus. Verteile die Fladen auf dem Backblech und lass sie nochmals 10 Minuten gehen.

5. Nach der Ruhezeit kannst du die Fladen backen. Schiebe sie in den vorgeheizten Ofen und backe sie 10 Minuten/ 220°C Ober-/Unterhitze. Die Brote sollten sich aufplustern und goldgelb werden. Wenn die Pitabrote nach 10 Minuten noch nicht fertig gebacken sind, verlängere die Backzeit unter Beobachtung, damit die Brote nicht zu braun werden.

4 Brote

1 h 25 Min.

leicht

FLADENBROTE
MIT FETA UND THYMIAN

Zubereitungszeit: 30 Minuten
Ruhezeit: 45 Minuten
Backzeit: 10 Minuten, 200°C Ober-/Unterhitze
Utensilien: Backblech, -papier
Zutaten für 4 Fladenbrote

- 6 Knoblauchzehen
- 5 EL Olivenöl + für die Schüssel + zum Beträufeln
- 1 TL Salz
- 1 TL Honig
- ½ Würfel Frischhefe, zerbröselt
- ca. 200 g Wasser, lauwarm
- 400 g Pizzamehl, Type 00
- ½ Bund Thymian
- 100 g Feta
- 1 TL Sumach, erhältlich z.B. im türkischen Lebensmittelladen

1. Schäle die Knoblauchzehen und gib sie in den Mixtopf. Zerkleinere den Knoblauch 5 Sekunden/ Stufe 5 und schiebe die Reste mit dem Spatel nach unten. Nun gibst du Olivenöl, Salz, Honig, Hefe und Wasser in den Mixtopf hinzu und löst die Hefe 2 Minuten/ 37°C/ Stufe 2 auf.

2. Jetzt fügst du Mehl dazu und verknetest die Zutaten 2 Minuten/ Teigknetstufe zu einem Teig. Fülle den Teig in eine mit Öl ausgestrichene Schüssel um und lass ihn an einem warmen Ort abgedeckt 30 Minuten gehen, bis sich das Volumen verdoppelt hat.

3. Teile den Teig anschließend in vier gleich große Teile und rolle diese jeweils auf einer bemehlten Arbeitsfläche zu Fladenbroten aus. Wasche den Thymian und tupfe ihn trocken. Belege die Fladenbrote mit Thymian, grob zerbröseltem Feta und Sumach. Lass die Brote so nochmals 15 Minuten ruhen. Heize währenddessen den Ofen auf 200°C Ober-/Unterhitze vor.

4. Träufele etwas Olivenöl über die Brote und verteile sie auf einem mit Backpapier belegten Backblech. Backe sie im vorgeheizten Ofen 10 Minuten/ 200°C Ober-/Unterhitze.

ca. 50 Plätzchen

1 h 20 Min.

mittel

MANDELPLÄTZCHEN

Zubereitungszeit: 20 Minuten
Kühlzeit: 30 Minuten
Backzeit: pro Blech 15 Minuten, 170°C Ober-/Unterhitze
Utensilien: Frischhaltefolie, 2 Backbleche, -papier
Zutaten für ca. 50 Plätzchen

- 150 g Zucker
- 100 g Mandeln, blanchiert (s. S. 14)
- 250 g Butter, kalt, in Stücken
- 250 g Speisestärke
- 1 Msp. Kardamom
- 50 Haselnüsse, ganz

1. Pulverisiere als Erstes 50 g Zucker im Mixtopf 10 Sekunden/ Stufe 10. Warte 2 Minuten, bevor du den Deckel öffnest, da der Zucker sehr staubt, und fülle ihn dann in ein Schälchen um.

2. Gib als Nächstes die restlichen 100 g Zucker und die Mandeln in den Mixtopf und mahle die Zutaten 10 Sekunden/ Stufe 7 fein. Warte wieder 2 Minuten, bevor du den Deckel öffnest.

3. Als Nächstes gibst du Butter, Speisestärke sowie Kardamom in den Mixtopf dazu und verrührst die Zutaten 15 Sekunden/ Stufe 4 zu einem Mürbeteig.

4. Forme aus dem Teig 2–3 Rollen von 3 cm Durchmesser und wickle diese in Frischhaltefolie ein. Lass die Rollen im Kühlschrank 30 Minuten kühlen.

5. In der Zwischenzeit heizt du den Backofen auf 170°C Ober-/Unterhitze vor und legst zwei Backbleche mit Backpapier aus.

6. Nach der Kühlzeit schneidest du kleine Stücke von den Teigrollen ab und formst daraus jeweils Kugeln. Garniere jede Kugel mit einer Haselnuss und verteile diese auf die Bleche. Achte dabei darauf, dass du genügend Abstand zwischen den Kugeln lässt, da die Plätzchen beim Backen etwas auseinanderlaufen.

7. Backe die Bleche nacheinander im vorgeheizten Backofen jeweils 15 Minuten/ 170°C Ober-/Unterhitze goldbraun. Bestäube die fertigen Plätzchen vor dem Servieren mit dem Puderzucker.

8 Kringel

1 h 30 Min.

leicht

SESAMKRINGEL

Zubereitungszeit: 10 Minuten
Ruhezeit: 1 Stunde
Backzeit: 20 Minuten,
180°C Ober-/Unterhitze
Utensilien: Backblech, -papier
Zutaten für 8 Kringel

- 20 g Frischhefe, zerbröselt
- 300 g Wasser
- 5 g Honig
- 500 g Weizenmehl, Type 405 + für die Arbeitsfläche
- 5 g Salz
- 10 g Olivenöl
- 1 Ei, Größe M, verquirlt
- 100 g Sesam zum Wälzen

1. Zunächst löst du die zerbröselte Hefe mit Wasser und Honig im Mixtopf 3 Minuten/ 37°C/ Stufe 1 auf. Gib danach Mehl, Salz und Olivenöl hinzu und vermische die Zutaten 3 Minuten/ Teigknetstufe. Fülle den Teig in eine Schüssel um und lass ihn darin abgedeckt an einem warmen Ort 45 Minuten ruhen.

2. Nach der Ruhezeit knetest du den Teig mit bemehlten Händen nochmal durch und teilst ihn in acht gleich große Teigstücke. Rolle die Teigstücke auf einer bemehlten Arbeitsfläche jeweils zu Rollen, forme diese zu Ringen und verteile sie auf ein mit Backpapier ausgelegtes Backblech.

3. Verquirle in einem Schälchen das Ei und bestreiche damit die Ringe. Wälze die Ringe anschließend im Sesam und verteile die Ringe wieder aufs Backblech. Decke die Teigringe ab und lass sie 15 Minuten an einem warmen Ort ruhen.

4. Währenddessen heizt du den Backofen auf 180°C Ober-/Unterhitze vor. Backe die Kringel nach der Ruhezeit im vorgeheizten Backofen 20 Minuten/ 180°C Ober-/Unterhitze goldbraun.

10 Stück

1 h 30 Min.

mittel

SUCUK-BRÖTCHEN

Zubereitungszeit: 35 Minuten
Ruhezeit: 40 Minuten
Backzeit: 15 Minuten,
200°C Ober-/Unterhitze
Utensilien: Backblech, -papier
Zutaten für 10 Brötchen

- 1 EL Hanfsamen + 1 EL zum Bestreuen, z.B von Davert, erhältlich im Bioladen
- 1 TL Salz
- 20 g Frischhefe, zerbröselt
- ½ TL Honig
- 300 g Wasser
- 500 g Weizenmehl, Type 405 + für die Arbeitsfläche
- 100 g Sucuk-Wurst (türkische Knoblauchwurst), alternativ Chorizo, in Würfeln
- Paprikapulver zum Bestreuen

1. Als Erstes pulverisierst du 1 EL Hanfsamen mit Salz im Mixtopf 10 Sekunden/ Stufe 10 und füllst die Mischung in eine Schale um.

2. Erwärme nun zerbröselte Hefe, Honig und 100 g Wasser im Mixtopf 2 Minuten/ 37°C/ Stufe 2. Gib danach Mehl und die Hanf-Salz-Mischung aus der Schale in den Mixtopf dazu und verrühre die Zutaten 3 Minuten/ Teigknetstufe. Dabei fügst du die restlichen 200 g Wasser nach und nach durch die Deckelöffnung dazu. Der Teig ist fertig geknetet, wenn er sich vom Topfrand löst, verlängere also gegebenenfalls die Einstellung um ein paar Minuten. Fülle den Teig anschließend in eine Schüssel um und lass ihn abgedeckt an einem warmen Ort 20 Minuten ruhen.

3. In der Zwischenzeit ziehst du die Haut von der Sucuk-Wurst ab und schneidest sie in Würfel.

4. Nach der Ruhezeit teilst du den Teig in zehn gleich große Teigstücke und rollst diese jeweils flach aus. Verteile auf jeden Fladen mittig einige Sucuk-Würfel und forme sie zu Brötchen. Achte dabei darauf, dass die Füllung völlig vom Teig umschlossen ist. Verteile die Brötchen auf ein mit Backpapier ausgelegtes Backblech und lass sie abgedeckt weitere 20 Minuten ruhen.

5. Zwischenzeitlich heizt du den Backofen auf 200°C Ober-/Unterhitze vor.

6. Zu guter Letzt bestreust du die Brötchen nach Belieben mit Paprikapulver und Hanfsamen und backst sie im vorgeheizten Backofen 15 Minuten/ 200°C Ober-/ Unterhitze.

mixtipp
Du kannst die Brötchen
auch mit Käse bestreuen –
sehr lecker !

„Du bist deine eigene Grenze,
erhebe dich darüber!“

(persisches Sprichwort)

SÜSSES

4 Portionen

13 h
15 Min.

mittel

APRIKOSEN-JOGHURT-CREME

Zubereitungszeit: 15 Minuten
Ruhezeit: 12 Stunden
Einweichzeit: 1 Stunde
Utensilien: Sieb, Mulltuch
Zutaten für 4 Portionen

- 1000 g Naturjoghurt, 3,5 % Fett
- 12–15 Softaprikosen
- 1 Prise Zimt
- 1 EL Honig
- 1 EL Vanillezucker
- 125 g Sahne
- Aprikosen, frisch und Granatapfelkerne, nach Belieben, zum Dekorieren

1. Lege zunächst ein Sieb mit einem Mulltuch aus und gib den Joghurt hinein. Lass den Joghurt so über Nacht abtropfen. Fange dabei die Molke auf, diese kannst du anderweitig verwenden, z.B. kannst du sie pur trinken oder für einen Obst-Shake verwenden. Genauso gut kannst du Nudeln, Kartoffeln, Reis und Gemüse statt in Wasser in Molke garen oder du kannst sie zum Brotbacken verwenden.

2. Am nächsten Tag gibst du die Softaprikosen in eine Schüssel und bedeckst sie mit heißem Wasser. Weiche die Aprikosen in dem Wasser eine Stunde ein und gieße anschließend das Einweichwasser ab. Gib die Aprikosen in den Mixtopf und zerkleinere sie darin 5 Sekunden/ Stufe 7. Schiebe die Stücke mit dem Spatel nach unten.

3. Füge Joghurt, Zimt, Honig, Vanillezucker und Sahne hinzu und verrühre die Creme 20 Sekunden/ Stufe 4. Fülle die fertige Joghurtcreme in eine separate Schüssel um und stelle sie bis zum Servieren im Kühlschrank kalt.

4. Dekoriere die Creme vor dem Servieren nach Belieben mit frischen Aprikosen und Granatapfelkernen.

mixtipp
Ganz toll für die Haut ist es, wenn du die Molke ins Badewasser gibst. Schon Cleopatra wusste von diesem Beauty-Geheimnis!

ca. 25 Pralinen

30 Min.

leicht

DATTEL-MANDEL-KONFEKT

Zubereitungszeit: 30 Minuten
Zutaten für ca. 25 Pralinen

100 g Mandeln, blanchiert (s. S. 14)
250 g Datteln, getrocknet oder frisch, ohne Stein
30 g Butter
½ TL Kardamom, gemahlen
50 g Kokosflocken

1. Gib als Erstes die Mandeln in den Mixtopf und zerkleinere sie 6 Sekunden/ Stufe 6. Schiebe die Reste mit dem Spatel nach unten.

2. Füge die Datteln hinzu und zerkleinere die Zutaten wiederum 6 Sekunden/ Stufe 8. Schiebe die Reste wieder mit dem Spatel nach unten.

3. Gib Butter und Kardamom in den Mixtopf hinzu und erhitze die Mischung 3 Minuten/ 70°C/ Stufe 2. Fülle die Masse dann in eine separate Schüssel um und lass sie abkühlen.

4. Forme aus der abgekühlten Masse Kugeln und wälze sie in den Kokosflocken. Stelle das Konfekt bis zum Servieren kalt.

4 Portionen

15 Min.

mittel

ROSEN-MANDEL-PUDDING

Zubereitungszeit: 15 Minuten
Zutaten für 4 Portionen

- 100 g Mandeln, blanchiert (s. S. 14)
- 75 g Basmatireis
- 700 g Milch
- 50 g Zucker
- 1 EL Rosenwasser, erhältlich in der Apotheke
- Pistazienkerne zum Garnieren
- Karamellsauce, fertig, zum Garnieren

1. Zuerst zerkleinerst du die Mandeln im Mixtopf 7 Sekunden/ Stufe 7 und füllst sie in ein Schälchen um.

2. Danach zerkleinerst du auch den Reis im Mixtopf 1 Minute/ Stufe 10 und wartest 2 Minuten, bevor du den Deckel öffnest, da der Reis sehr staubt. Gib dann Milch und Zucker hinzu und koche die Mischung 10 Minuten/ 100°C/ Stufe 2 zu einem Pudding. 2 Minuten vor Ende der Garzeit gibst du die Mandeln und ganz zum Schluss das Rosenwasser durch die Deckelöffnung dazu. Bitte kontrolliere, ob sich alles gut miteinander vermengt hat, und verrühre gegebenenfalls den Pudding noch mal 10 Sekunden/ Stufe 2.

3. Fülle den Pudding in kleine Schalen um und lass ihn abkühlen. Garniere den Pudding vor dem Servieren mit Pistazienkernen und Karamellsauce.

 3 Gläser |  8 h 15 Min. |  leicht

LIMETTENLIMONADE

Zubereitungszeit: 15 Minuten
Ziehzeit: mind. 8 Stunden
Utensilien: Frischhaltefolie, 3 Gläser à 250 ml
Zutaten für 3 Gläser

- 7 Bio-Limetten
- 600 g Wasser
- 1 Vanilleschote
- 50 g Zucker
- 9 Eiswürfel
- 1 Bund Zitronenmelisse, Blätter abgezupft

1. Wasche die Limetten unter heißem Wasser ab und halbiere sechs Limetten. Presse aus den sechs Limetten den Saft aus und gib deren Schalen in den Mixtopf. Zerkleinere die Schalen 5 Sekunden/ Stufe 8. Füge dann Limettensaft und 300 g Wasser in den Mixtopf hinzu und verrühre die Zutaten 10 Sekunden/ Stufe 2. Fülle die Mischung anschließend in eine Schüssel um und decke diese mit Frischhaltefolie ab. Stelle sie für 8 Stunden oder am besten über Nacht zum Ziehen in den Kühlschrank.

2. Nach der Ziehzeit schneidest du die Vanilleschote vorsichtig längs ein und kratzt mithilfe eines Löffels das Mark aus der Vanilleschote. Gib Vanillemark, Zucker und die restlichen 300 g Wasser in den Mixtopf und koche die Mischung 15 Minuten/ 100°C/ Stufe 1.

3. Als Nächstes gießt du die Limettensaftmischung durch das Garkörbchen in den Mixtopf dazu, damit die Schalen entfernt werden und verrührst die Limonade 30 Sekunden/ Stufe 2. Dies ergibt etwa 600 g Limonade.

4. Verteile die Eiswürfel in 3 Gläser und fülle diese mit der Limonade auf.

5. Die übrige Limette schneidest du in Scheiben und verteilst diese in die Gläser. Wasche die Zitronenmelisse, tupfe sie trocken und zupfe die Blätter ab. Verteile auch diese als Dekoration in die Gläser.

GRATIS EXEMPLAR SICHERN!

SICHERN SIE SICH ZUM KENNENLERNEN DER MIXX-ZEITSCHRIFT JETZT EIN GRATIS-EXEMPLAR IM WERT VON 4,90 €!

Name

Vorname

Adresse

☐ Ja, schicken Sie mir Ihren kostenlosen E-Mail-Newsletter und halten Sie mich über Neuheiten und Sonderangebote des Heel-Verlags auf dem Laufenden!

E-Mail-Adresse

Der HEEL Verlag erhebt Ihre Daten zum Zweck der Vertragsdurchführung, zur Erfüllung der vertraglichen und vorvertraglichen Pflichten. Die Datenerhebung und Datenverarbeitung ist für die Durchführung des Vertrags erforderlich und beruht auf Artikel 6 Abs. 1 b DSGVO. Zudem verwenden wir Ihre Angaben zur Werbung für eigene und HEEL-verwandte Produkte und falls gewünscht zum Versand des kostenlosen E-Mail-Newsletter. Sie können sich jederzeit vom Newsletter abmelden. Falls Sie keine Werbung mehr auf dieser Grundlage erhalten wollen, können Sie jederzeit widersprechen.
Weitere Infos zum Datenschutz: ds.heel-verlag.de

Datum

Unterschrift

Teilnahmebedingungen: Dieser Gutschein ist nur auf postalischem Weg einzulösen. Pro Person nur ein Gutschein gültig.

HEEL Verlag GmbH, MIXX-Redaktion, Pottscheidt 1, 53639 Königswinter
Tel.: 02223/9230-0, Fax: 02223/9230-13/26, www.heel-verlag.de